中国高速铁路

《中国高速铁路》编委会

中国铁道出版社

2013年·北京

图书在版编目(CIP)数据

中国高速铁路 / 卢春房 等编著

北京：中国铁道出版社，2013.4（2019.9重印）

ISBN 978-7-113-16257-3

Ⅰ.①中… Ⅱ.①卢… Ⅲ.①高速铁路－交通运输－中国

Ⅳ.①U238

中国版本图书馆CIP数据核字(2013)第071734号

书　　名：中国高速铁路

作　　者：卢春房　等编著

责任编辑：田京芬　张苍松　吴　军　王风雨

装帧设计：崔　欣　陈东山　郑春鹏

责任印制：郭向伟

出版发行：中国铁道出版社（100054，北京市西城区右安门西街8号）

网　　址：http://www.tdpress.com

印　　制：天津画中画印刷有限公司

版　　次：2013年5月第1版　2019年9月第5次印刷

开　　本：889mm×1194mm　1/16　印张：10.75　字数：283千

书　　号：ISBN 978-7-113-16257-3

定　　价：60.00元

《中国高速铁路》编委会

引 言

Introduction

　　自2008年8月1日中国大陆第一条350公里/小时的高速铁路——京津城际铁路开通运营以来，高速铁路在中国大陆迅猛发展，如条条巨龙横跨大江南北，连接沿海内地，其安全、快速、正点、舒适、环保等优越性越来越得到广大人民群众的青睐和认可。高速铁路的崛起和腾飞，为铁路发展注入了新的活力，为旅客带来了方便与快捷，将中国铁路带入一个崭新的发展阶段。

　　与一些发达国家相比，我国高速铁路起步稍晚，但发展速度之快、建设规模之大、运输能力之巨，堪称世界第一。截至2012年底，我国高速铁路营业里程超过9300公里。京津城际、京沪、京广等高速铁路的列车最高运营速度达到了300公里/小时及以上，我国高速铁路技术已跻身世界先进行列。

　　高速铁路是一个集高新技术于一身、复杂的超大规模集成系统。其中线路轨道系统是高速铁路的"铺路石"，高速列车要跑到哪里轨道就必须铺到哪里；牵引供电系统是高速铁路的"充电器"，为高速列车提供足够的能量；列车控制系统是高速铁路的"中枢神经"，控制列车运行并提供安全保障；高速列车系统是高速铁路的"飞毛腿"，运送旅客安全快速到达目的地；客运服务系统是高速铁路为旅客提供的"贴心助手"，满足旅客买票、乘车等各种服务需求等等。高速列车的快速、安全、正点运行是与这些系统的协调配合分不开的。

　　那么，高速铁路各系统间究竟是怎样相互配合的？都采用了哪些高新技术？又是如何实现列车安全正点运行的呢？这些正是本书所要阐述的内容。让我们带着新奇、带着憧憬对高速铁路一探究竟吧！

目 录
Contents

高速列车为什么能安全、正点运行 … 100
Why High Speed Railway Can Run Safely and Punctually?

安全保护 ··· 148
Safety

后记 ··· 160
Afterword

概说高速铁路
Overview of HSR

综述

　　高速铁路是当今时代高新技术的集成、人类文明的结晶和铁路现代化的标志。

　　奥林匹克运动有一句著名的格言："更快、更高、更强"。这句话充分表达了奥林匹克运动不断进取、永不满足的奋斗精神。铁路自从诞生以来已经走过了近两个世纪历程，对更高速度的不停追求和一次次超越，构成了一部壮丽的世界铁路发展史。

中国 CRH380A 型高速列车

瑞典的 Regina 摆式列车

法国的 AGV 高速列车

德国的 ICE3 型高速列车

日本新干线的 500 系高速列车

1825 年 9 月 27 日,世界上第一条铁路——英国达林顿至斯托克顿铁路正式通车营业,当时蒸汽机车牵引的列车平均速度仅 13 公里 / 小时。1829 年,斯蒂芬森发明的"火箭号"蒸汽机车最高运行速度达到 56 公里 / 小时。一百多年后,1938 年英国人使蒸汽机车的速度达到 202.8 公里 / 小时。

斯蒂芬森设计的"运动 1 号"蒸汽机车(1825 年)

英国首台客运蒸汽机车通车百年庆典(1925 年)

中国蒸汽机车牵引的列车

中国内燃机车牵引的列车

中国电力机车牵引的列车

中国高速列车

此后，蒸汽机车的速度纪录不断被内燃和电力机车超越。1939年，德国人用内燃机车牵引列车，速度达到了215公里/小时。1955年，法国人又创造了电力机车牵引列车331公里/小时的世界纪录。

如今，速度超过300公里/小时的高速列车已在世界许多地方大量开行，技术成熟。高速列车最高试验速度574.8公里/小时，由法国人在2007年4月3日创造。

坚韧、执著地追求更高速度，火车速度的一次次刷新，无不诠释着一种与体育竞技同样灿烂的奥运精神。

1964年10月1日，日本东京奥运会即将召开之际，东京—大阪的"东海道新干线"正式通车，日本成为最早运营速度达200公里/小时以上的国家。

1992年4月，西班牙巴塞罗那奥运会前夕，马德里至塞维利亚的高速铁路开通运营。

北京南站

2008 年 8 月 1 日，中国北京奥运会开幕前一周，350 公里 / 小时的京津城际高速铁路投入运营。

2014 年冬季奥运会将在俄罗斯索契举行，索契高速铁路项目是冬季奥运会系列准备的重要里程碑之一。

不是铁路和奥运有什么特殊关系，而是高铁和奥运一样，都和一个国家发展水平有联系，秉承的是同样的精神。

其实高速铁路是时代的产物，之所以倍受青睐，并得以大力发展，主要是由于高速铁路在安全、高速、节能、环保等诸多方面具有无与伦比的优势。高速铁路一经问世，就显示出了强大生命力，"高铁时代"的来临，不仅彻底改变了人们的时空概念，而且在面临能源紧缺和环境恶化的今天，高速铁路还承载着绿色交通新使命，许多国家已经把高速铁路作为优先发展的战略性新兴产业。

据统计，截至 2012 年底，全世界运营速度达到 250 公里 / 小时及以上的高速铁路里程约 20700 公里，其中我国超过 9300 公里，占全世界的 45%。

日本 0 系高速列车

巴塞罗那—马德里高速列车

2008 年 8 月 1 日，京津城际天津站首发列车

❶ 什么是高速铁路？

高速铁路，顾名思义就是速度高的铁路。怎么才叫速度高呢？

国际铁路联盟（UIC）认为高速铁路的定义相当广泛，包含高速铁路领域下的众多系统。高速铁路是指组成这一"系统"的所有元素的组合，包括：基础设施（新线设计速度 250 公里／小时以上，提速线路速度 200 公里／小时甚至 220 公里／小时）、高速动车组和运营条件。

当前各国新建的高速铁路，大多把最高速度定位在 250 ~ 350 公里／小时。

我国高速铁路的定义为：新建设计开行 250 公里／小时（含预留）及以上动车组列车，初期运营速度不小于 200 公里／小时的客运专线铁路。

高速列车驶出车站

高速列车飞驰在京沪高铁阳澄湖桥上

② 国外高速铁路的发展和现状

日本

1964 年 10 月 1 日，世界上第一条高速铁路日本东海道新干线（东京至大阪）开通营业，全程 515.4 公里，直达旅行时间 3 小时，列车最高运营速度 210 公里／小时。随后，日本大力发展新干线，并不断进行技术升级，山阳新干线和东海道新干线的运行速度分别提高到现在的 300 公里／小时和 270 公里／小时，东北新干线的运行速度提高到 320 公里／小时。如今，新干线的主干线和支线已经覆盖日本本土，新干线总里程达到 2300 多公里。新干线被誉为"日本经济起飞的脊梁"。

法国

1981 年 9 月 27 日，欧洲第一条高速铁路，由法国首都巴黎至里昂的 TGV 东南线通车，全程 417 公里，直达时间 2 小时，列车运行最高速度 270 公里／小时，经过改造后，目前速度可达 300 公里／小时。此后，法国相继建设开通了 TGV 大西洋线、北方线、地中海线、巴黎东部线等高速铁路，形成了以巴黎为中心，辐射全国的 TGV 高速铁路干线，并与周边国家连接。法国高速铁路总里程约为 2000 公里，而 TGV 高速列车可通行的范围 6000 公里以上，列车最高运营速度可达 320 公里／小时。

日本 700 系高速列车

日本新干线示意图

法国 V150 试验列车在 TGV 东线上创造了最高试验速度 574.8 公里／小时的世界纪录

法国 TGV 线路示意图

德国

德国发展高速铁路有坚实的技术基础，1988 年其电力牵引试验速度就达到 406.9 公里 / 小时。但是由于种种原因，直到 20 世纪 90 年代后，德国高速铁路才陆续开通运营。目前，ICE 高速列车可通达德国境内多数大城市，包括德国的汉堡、慕尼黑、柏林、法兰克福、斯图加特、科隆、杜塞尔多夫等，总里程约 1000 公里，ICE 列车可通行的范围 6300 公里以上，列车速度最高可达 300 公里 / 小时。

此外，意大利、西班牙等国家高铁技术的发展也形成了自已的特点。

停在德国汉堡火车站的 ICE2 型高速列车

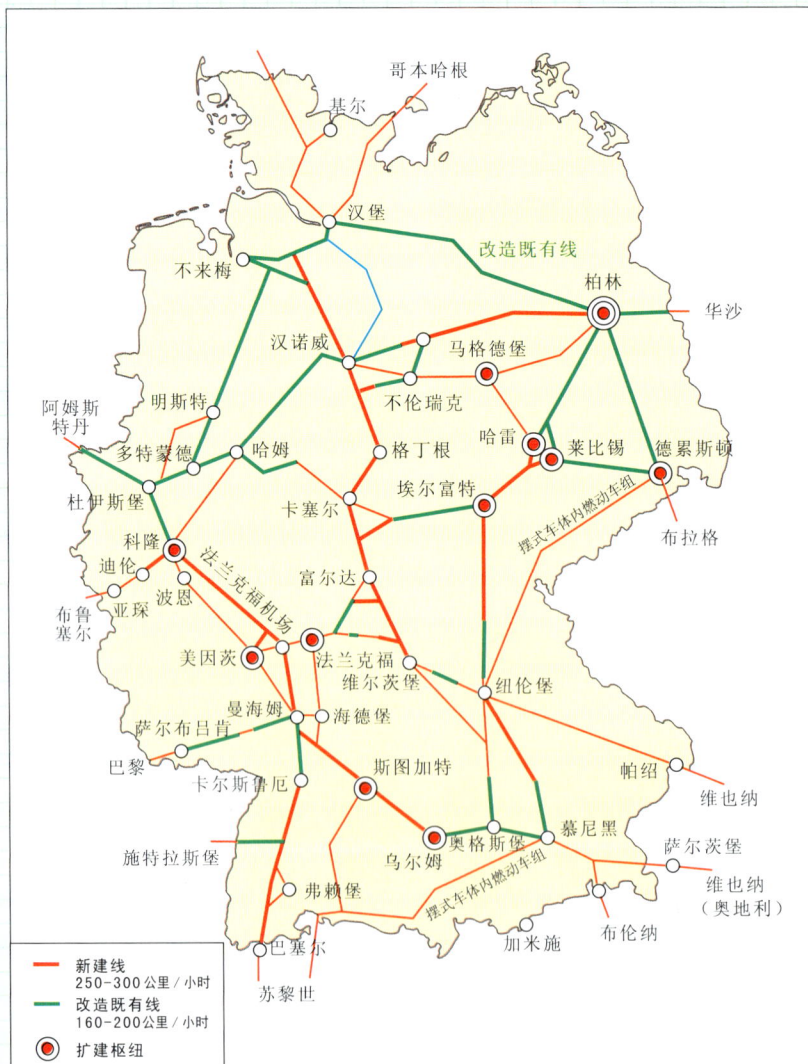

图例：
新建线 250-300 公里 / 小时
改造既有线 160-200 公里 / 小时
◉ 扩建枢纽

德国高速铁路示意图

3 中国高速铁路的发展历程

20世纪90年代初，中国开始高速铁路研究，把"提高列车速度"上升到铁路发展的战略高度，对高速铁路的设计建造技术、高速列车、运营管理的基础理论和关键技术组织攻关，开展了大量的科学研究。以此为基础，进行了广深铁路提速改造，修建了秦沈客运专线，实施了既有线铁路六次大提速等，为构建中国高速铁路技术标准体系奠定了必要的基础。

2002年12月建成的秦皇岛至沈阳间的客运专线，是中国自己研究、设计、施工、目标速度200公里/小时，基础设施预留250公里/小时高速列车条件的第一条铁路客运专线。自主研制的"中华之星"电动车组在秦沈客运专线创造了当时"中国铁路第一速"——321.5公里/小时。

中国高速铁路坚持自主创新，经过不懈努力，攻克了重重难关，依靠自己的力量进行高速铁路勘测设计、工程施工。经过建设实践，我国系统掌握了复杂路基处理、长大桥梁工程、大断面隧道工程、轨道工程、牵引供电、通信信号、客运枢纽等高铁建设技术和运营管理维修技术。按照国家中长期铁路网规划和铁路"十一五"、"十二五"规划，以"四纵四横"快速客运网为主骨架的高速铁路建设全面加快推进，建成了京津、沪宁、京沪、京广、哈大等一批设计时速350公里、具有世界先进水平的高速铁路，形成了比较完善的高铁技术体系。通过引进消化吸收再创新，系统掌握了时速200~250公里动车组制造技术，成功搭建了时速350公里的动车组技术平台，研制生产了CRH（China Rail High Speed）380型新一代高速列车。

看今朝，在我们广袤的国土上，纵贯南北、横跨东西的快速客运网正日臻完善，它集中展现了中华民族自强不息、不断追求、勇攀高峰，在高科技领域取得的辉煌成就，让国人自豪，令世界瞩目。

高速列车

"中华之星"

❹ 中国高速铁路发展规划

2004 年 1 月，国务院常务会议讨论通过了《中长期铁路网规划》，2008 年 10 月 31 日，国务院批准了《中长期铁路网调整规划》，勾画出我国铁路建设的宏伟蓝图。

按照规划，到 2015 年，我国铁路营业里程将达 12 万公里左右，其中，以高速铁路为骨干的快速铁路营业里程达 4 万公里以上，基本覆盖省会及 50 万人口以上城市。

到 2020 年，在环渤海、长江三角洲、珠江三角洲、长株潭、成渝以及中原城市群、武汉城市圈、关中城镇群、海峡西岸城镇群等经济发达和人口稠密地区建设城际客运系统，覆盖区域内主要城镇。

——环渤海地区：以北京、天津为中心，围绕北京—天津主轴进行建设，形成对外辐射的客运通路。

——长江三角洲地区：以上海、南京、杭州为中心，建成连接沪宁杭周边重要城镇的城际客运铁路网络。

——珠江三角洲地区：以广深、广珠两条客运专线为主轴，辐射广州、深圳、珠海等 9 个大中城市，构建包括港澳在内的城市一小时绿色交通圈。

❺ 中国已开通的典型高速铁路

京沪高速铁路

2011 年 6 月 30 日，世界上一次建成里程最长的京沪高速铁路建成通车。京沪高速铁路全长 1318 公里，连接京沪两地，贯通我国东部最发达地区，设计时速 350 公里，初期运营时速300 公里，2010 年 12 月 3 日，新一代"和谐号"动车组 CRH380AL 在京沪高速铁路枣庄至蚌埠间的试验段创造了时速 486.1 公里运营列车试验速度新纪录。

高速列车穿行在京沪高速铁路西渴马 1 号、2 号隧道之间

高速列车在京沪高速铁路南京大胜关长江大桥上驶过

京广高速铁路

2012 年 12 月 26 日，北京至郑州段开通运营，运营里程 693 公里，至此，京广高速铁路全线贯通运营。京广高速铁路是世界上干线最长的高速铁路，全长 2298 公里，设计时速 350 公里，初期运营时速 300 公里，京广间最快 7 小时 59 分到达。此前，武汉至广州段，2009 年 12 月 26 日运营，全长 1068.8 公里；郑州至武汉段 2012 年 9 月 28 日开通运营。

哈大高速铁路

2012 年 12 月 1 日，世界上第一条新建高寒高速铁路——哈大高速铁路正式通车运营。哈大高速铁路全长 921 公里，它将东北三省主要城市连为一线，设计时速 350 公里。运营初期实行冬、夏两张运行图，夏季最高运营速度 300 公里 / 小时，哈尔滨至大连最短运行时间为 3 小时 30 分钟；冬季时速 200 公里，从哈尔滨到大连运行时间 5 小时 18 分钟。

高速列车通过京广高速铁路东湖特大桥

高速列车行驶在哈大高速铁路上

中国高速铁路图

新 疆 维 吾 尔 自 治 区

北屯市

阿拉山口

霍尔果斯　精河

伊宁　　奎屯

准东北
准东　将军庙

乌鲁木齐
芦草沟

巴伦台　　　吐鲁番　　了墩

阿克苏　俄霍布拉克　　　　　火石泉

巴楚　　　库车西　轮台　　　红旗村

喀什　　　　　　　库尔勒

柳园
柳沟

敦煌　　甘

镜铁山　嘉峪关

策克

额济纳

木里　　　　武

锡铁山　　天棚

格尔木　察汗诺　　哈尔盖

南山口　茶卡　西宁

青

海 省

西

藏

自

那曲

羊八井

治

拉萨　　区

川　青

省

云

丽江　丽江东

大理　大理东

楚雄　　　昆

玉溪

蒙自北

格里坪

西

攀枝

东

南

图 例

▬▬▬	已开通高速铁路
▬▬▬	在建高速铁路
═══	既有双线铁路
───	既有单线铁路
┈┈┈	既有双线电气化铁路
┈┈┈	既有单线电气化铁路
▬▬▬	国界、未定国界
	省、自治区、直辖市界
─·─·─	特别行政区界
★	中国铁路总公司
◎	省级行政中心
○	主要车站
⛴	轮渡

南海诸岛

郑西高速铁路

郑西高速铁路是"四纵四横"的其中一横"徐兰客运专线"的中段,也是我国在湿陷性黄土区建设的首条高速铁路,全长 523 公里,设计时速 350 公里,2010 年 2 月 6 日开通运营。

京津城际铁路

连接首都北京和滨海直辖市天津,全长 120 公里,2005 年 7 月 1 日开工,2008 年 8 月 1 日开通运营。

高速列车在郑西高速铁路三门峡黄河边驶过

京津城际铁路

台湾高速铁路

2007 年 3 月 2 日,台湾高速铁路开始运营,在台北—高雄之间,全长 345 公里,运营最高速度 300 公里／小时。

台北—高雄高速铁路

❻ 高速铁路深刻地影响着我们的生活

　　高速铁路建设是"百年大计"，高速铁路对于加快国家经济建设、拉动地方经济发展起到了不可替代的促进作用，让人们的生活更臻完善和完美。

　　高速铁路大量采用冶金、机械、建筑、橡胶、电力、信息、计算机、精密仪器等高新技术产品，其建设带动这些产业结构升级，提高我国在尖端领域技术创新能力，推动国家技术进步。

　　高速铁路的开通运营，势必加速人流、物流、信息流、资金流的流动，优化地方产业转移，促进经贸往来和房地产、旅游业的发展，为加快转变经济发展方式提供强有力的运力支撑。

　　高速铁路将促进卫星城市与中心城市以及城乡间的重新布局，加快中国新型城镇化的发展步伐。

　　高速铁路的建设，有效地释放了既有线货运能力，为国民经济发展提供运力保障。

　　高速铁路让世界"变小"了，百姓出行更加便捷，生活更加丰富多彩。人们的生活半径和活动范围将明显扩大和拓宽，生活方式和生活节奏将逐渐发生变化。

　　京津城际铁路通车后，"同城化"效果显著，北京人一早到天津，走走海河亲水平台，远望动感的津塔，逛逛滨江道，欣赏海河夜景。天津人到王府井、西单购物，在南锣鼓巷、798感受文艺气息，再听一场原创音乐会。北京、天津成了两地人们共同的家园。

　　新建的高铁车站成为万里高铁线上一颗颗璀璨的明珠和城市的一个新亮点。以京沪高铁为例，上海市已将虹桥枢纽作为上海经济发展的又一个新的引擎；徐州市以京沪高铁徐州东站为依托，一座新城拔地而起，城市重点东移；济南市借助京沪高速铁路的建成通车，在济南西站所在地槐荫区正打造一个高起点策划、高水平规划、高标准建设、高效能管理的西部高铁新城。

　　美丽中国在高速列车窗前就是一道道绚丽的风景线。

高速列车为什么能跑起来
Why High Speed Train Can Run So Fast?

综述

高速列车为什么能跑起来，而且高速安全平稳运行呢？其实道理和汽车运行是一样的，汽车要跑得快，不仅取决于车的性能，还要有平顺、畅通的道路，平顺就是要有高等级的公路，畅通要靠有效的交通指挥和疏导。良好的线路条件、性能优越的动车组、先进的列车运行控制系统，构成了高速列车为什么能跑起来的三大基本要素。

要使高速列车跑起来，首先要有良好的线路条件。没有好路，车再好也跑不起来。

那么什么是好路呢？对高速铁路而言，线路应尽可能取直，减少弯道，尤其要避免小弯道；要力求平顺，不能起起伏伏上下颠簸；要坚实稳固，铁路建成后必须控制沉降，不能出现不均匀沉降。同时，为了满足列车高速平稳运行，提高旅客乘坐舒适度，高速铁路采用无缝线路、高速可动心道岔，为减少会车时的气流冲击，两条平行线路之间的距离更宽，隧道横断面面积更大。TB10020-2009《高速铁路设计规范（试行）》对我国高速铁路线路设计的具体指标作出了明确规定，我国300公里／小时等级的高速铁路的线路平面最小曲线半径7000米，单洞双线隧道洞断面有效面积为100平方米。同时，运营过程中建立了完整的检测监控、养护维修体系，以确保高速铁路基础设施始终处于良好的"健康"状态。

要使高速列车跑起来，必须有性能优越的动车组。有了好路，如果没有好车，一切都无从谈起。车的性能如何，直接关系到高速列车能否跑起来。

高速动车组必须跑得快、跑得稳、跑得好。跑得快是指动车组要有强大的牵引动力，有足够

平顺稳定的高铁线路

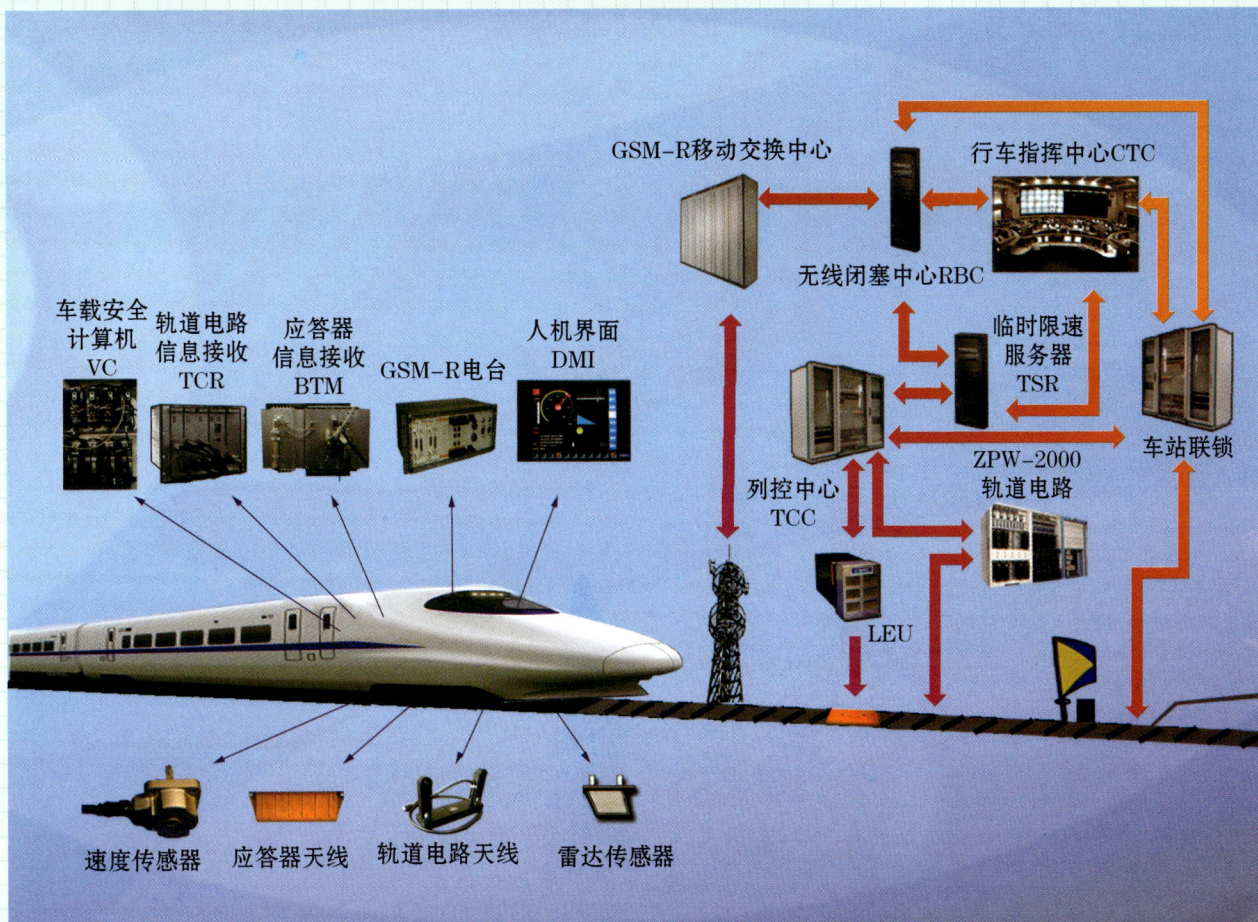

图中标注：
- 车载安全计算机 VC
- 轨道电路信息接收 TCR
- 应答器信息接收 BTM
- GSM-R电台
- 人机界面 DMI
- GSM-R移动交换中心
- 行车指挥中心CTC
- 无线闭塞中心RBC
- 临时限速服务器 TSR
- 车站联锁
- 列控中心 TCC
- ZPW-2000轨道电路
- LEU
- 速度传感器
- 应答器天线
- 轨道电路天线
- 雷达传感器

CTCS-3 系统原理框图

大的比功率（单位重量功率）牵引列车高速运行，如：8辆编组的CRH3型动车组牵引功率就达8800千瓦，而普通客车编组一般16辆，牵引机车SS9型牵引功率仅为4800千瓦；跑得稳就是说列车运行要平稳，尤其在高速运行时不能降低乘坐舒适度；跑得好讲的是各种零部件的可靠性要高，不能因有局部缺陷影响动车组安全运行。高速动车组采用外形美观的流线型、气密性好的轻量化铝合金车体、高速高性能转向架、大功率交流传动牵引、微机控制的电空联合制动、分布式列车网络控制系统等先进技术。空调采暖功能完善、座席等设施布置合理，车内通风良好，为旅客造就舒适温暖的乘车环境。

要使高速列车跑起来，还得有先进的列车运行控制系统。有了好路、好车，怎么让高速列车安全、平稳、高速运行呢？这就需要有高速铁路列车运行控制系统。

列车运行控制系统是高速铁路的中枢，对安全性、自动化程度和行车指挥效率要求很高。列车运行控制过程由地面指挥系统发布路况信息，车载设备接受信息并通过车载计算机信息处理形成控车指令，列车按指令行车并实时反馈车的状态信息。我国建立了CTCS-2级和CTCS-3级高速铁路列车运行控制系统，采用目标距离连续速度曲线模式控制列车安全运行，以保证列车安全追踪间隔、实现超速防护、提高运输效率。车地之间通过轨道电路、应答器和GSM-R无线通信传递信息。

平顺稳定的高铁线路
Smooth and Stable High Speed Track

路 基

路基是一种土石结构，主要分为填方路基（也称路堤）、挖方路基（也称路堑）和半填半挖路基。

❶ 为什么路基要像机场跑道一样平顺？

"基础不牢，后患无穷"，路基结构采用优质填料分层压实，具有足够的强度、刚度；基础稳固不下沉和系统的排水，能够保持路基平顺，能经受住天寒地冻和雨水冲刷等恶劣气候的考验，保证铁路基础长期稳定安全。

高速铁路列车运行速度可以达到飞机起飞前速度一样快，如果路基面不平顺就会引起轨道不平顺，使列车产生剧烈振动和颠簸，影响列车高速、平稳、安全运行。

首先，路基填筑后就像任何建筑一样都会下沉，轨道系统可调范围有限，所以路基下沉量要控制在毫米级。

其次，铁路线路由桥梁、隧道、路基共同组成，它们之间连接处结构不同，下沉量规律也不同。为避免出现类似高速公路"跳车"现象，连接处设置了过渡措施，使铁路纵向下沉的差异控制在 5 毫米内。

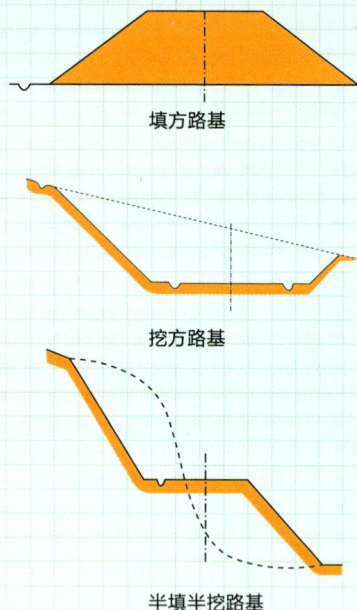

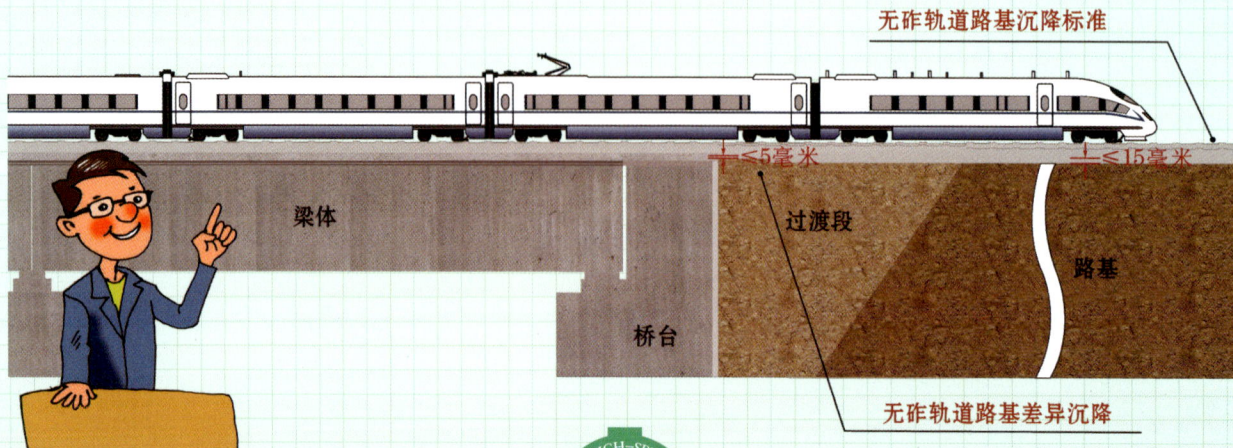

填方路基

挖方路基

半填半挖路基

无砟轨道路基沉降标准

±<5毫米　　±<15毫米

梁体　　过渡段　　路基

桥台

无砟轨道路基差异沉降

❷ 高速铁路路基是怎样建成的？高速铁路路基填筑材料有什么特殊要求？

高速铁路路基填筑前首先要进行地基处理，地基强度采用仪器检测合格后才可进行路基填筑。路基应选用最佳含水量的优质填料分层碾压，每一层压实密度都要检验合格，再进行下一层施工，保证路基本身变形极小。

列车高速运行产生的振动对路基表面影响最为显著，自上而下逐步减小，因此路基不同部位对填料的要求是不一样的，路基表层要求最高，表层以下一定范围次之，再下层要求相对减低。

高速铁路路基填筑材料对土石的质量、粒径组成、石子大小、形状、杂质含量等有特殊要求，需要经过严格的检测，路基填筑后要具有很好的排水性能，使土石散体材料凝结为一体，在列车高速运行所产生的振动条件下变化极小。

路基分层碾压

路基现场检测

❸ 如何防止高速铁路路基下沉、冲毁？

高速铁路路基采用桩基等进行地基加固，防止路基下沉。为提高路基抵抗雨水冲刷等恶劣气候的能力，保证路基边坡稳定，路基边坡采用防护措施，并辅以系统的排水设施。路基防护措施以植物种植为主，贯彻绿色环保理念，打造绿色通道，使沿线绿化与当地自然人文环境协调，使乘客视野相对开阔、悦目怡人。

④ 软土上如何修建高速铁路路基？

大江南北河道纵横、沟塘遍布，很多地段存在淤泥和淤泥质软土，像"嫩豆腐"一样，几乎没有什么承载力，如何让"嫩豆腐"撑得住"硬铁轨"？如何使路基在短时间内下沉量趋于稳定，让列车跑起来？

高铁路基建设中采用了刚性桩技术，在桩顶设置了一层钢筋混凝土板或一张由碎石和土工织物组成的柔性网，就像埋在土里的一条板凳，不仅板凳腿起到支撑作用，板凳面也起作用，只是这"板凳"不止四条腿，有许多腿支撑，一条条板凳拼起来支撑路基。路基填筑完成后在其上堆载预压，让原本需要很长时间才能完成的下沉现象在短时间内发生。通过对下沉量进行观测和评价，下沉趋于收敛后再铺设轨道，既保证了"嫩豆腐"硬起来，后期又不会出现显著下沉。

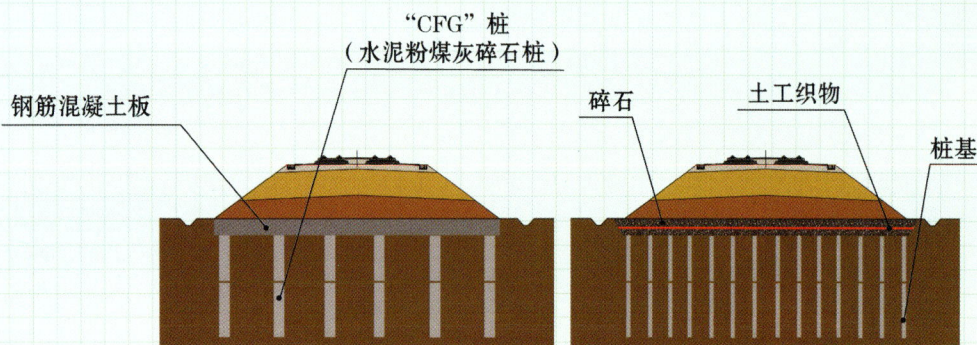

"CFG"桩（水泥粉煤灰碎石桩）
钢筋混凝土板
碎石
土工织物
桩基

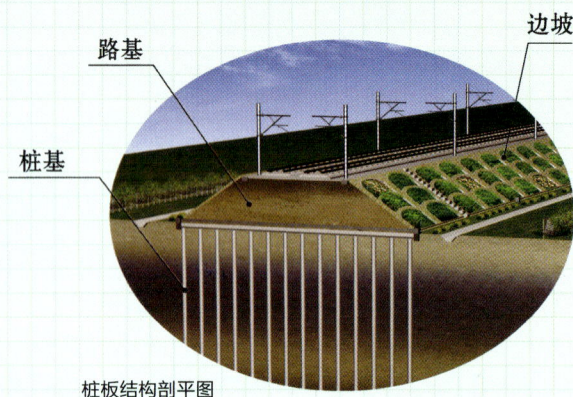

路基
边坡
桩基

桩板结构剖平图

"CFG"桩（水泥粉煤灰碎石桩）

⑤ 溶洞上如何修建高速铁路路基？

岩溶是一种自然现象，鬼斧神工的溶洞，惟妙惟肖的钟乳石都是很美的自然景观，广泛分布在西南、华东、中南地区。但高铁路基下面躲藏了溶洞，会对路基的根基稳定造成影响。

当溶洞较大时，采用板凳式桩板结构进行处理，其由下部钢筋混凝土桩基和上部的钢筋混凝土板组成，通过承台板将上部荷载传到桩体，桩体把荷载传递到稳固地层，从而达到控制路基沉降与变形的目的。

当溶洞较小时，采用岩溶注浆的加固措施，即向溶洞里注入浆液填充，可避免溶洞顶板塌陷和变形，保证路基根基稳定。

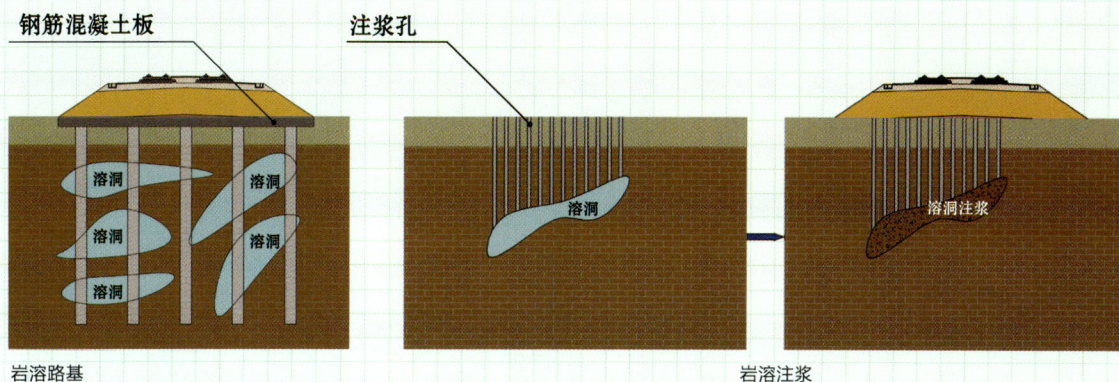

钢筋混凝土板　　注浆孔

溶洞

溶洞

溪洞

溪洞

溪洞

溪洞

溶洞注浆

岩溶路基　　　　　　　　　　　　岩溶注浆

⑥ 湿陷性黄土上如何修建高速铁路路基？

黄土广泛分布于我国西北、华北、华中等地区，干燥时很"硬"，一遇水就变"软"，土结构迅速破坏，局部显著下沉，俗称"湿陷"，故关键是要压缩土体之间空隙和防水。挤密桩可以挤压土体结构，减少土体空隙，消除湿陷，基底封闭可杜绝水的渗入。

⑦ 寒冷地区如何修建高速铁路路基？

我国东北地区冬季寒冷，水凝结成冰后路基体积会膨胀，冰融化后体积会收缩，强度会降低，因而在寒冷地区修筑高速铁路需要解决路基的冻胀问题。控制路基冻胀的主要措施有：提高路基本体防冻能力，根据防冻需要选择路基建筑材料；提高路基排水能力，使渗入路基的水快速排出；降低地下水，采取封堵措施，防止表水渗入路基；采取保温措施，提高冬季路基本体温度，以减少结冰等。

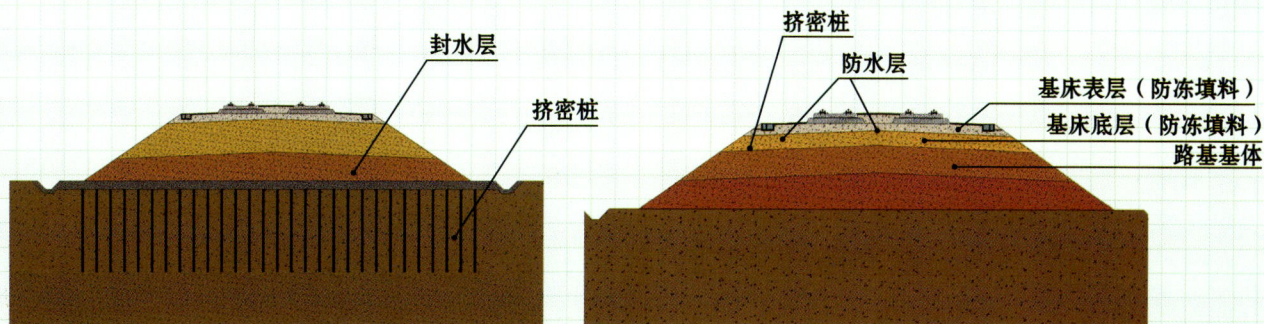

封水层

挤密桩

挤密桩

防水层

基床表层（防冻填料）

基床底层（防冻填料）

路基基体

桥 梁

自古以来修路人总是"逢山开路，遇水架桥"。高速列车能够跑起来，离不开路，也离不开桥。

❶ 桥梁由哪几部分构成？

桥梁主体工程由桥跨结构、桥墩、桥台和基础构成。

桥跨结构通常又称梁部，其功能主要是承载桥上线路、连接两端桥台。桥台的主要功能为支承台后压力和梁部传来的各种力、限制梁部位移，连接梁部与桥头路堤并承载台上线路。桥墩的主要功能为支承梁部传来的各种力并限制梁部位移。基础的主要功能是将桥梁墩台传来的各种力分散传至地基，保证桥梁墩台的稳定。

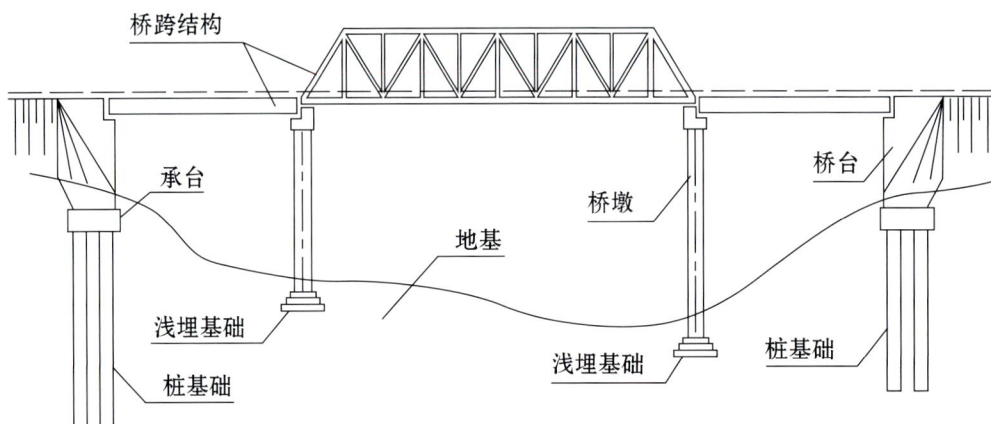

桥梁结构示意图

❷ 铁路桥梁有哪些类型？

高速铁路桥梁按照结构及受力特点的不同，可以分为梁式桥、拱形桥、刚构桥、斜拉桥以及各种组合结构的桥。

按照材料不同，可以分为混凝土桥、钢桥以及钢与混凝土的各种组（复）合材料的桥。由于钢材具有较高单位承载能力，在较大跨度的桥梁中采用钢梁。预应力混凝土梁由于性能优越、施工简便、节能环保，高铁建设中被大量采用。

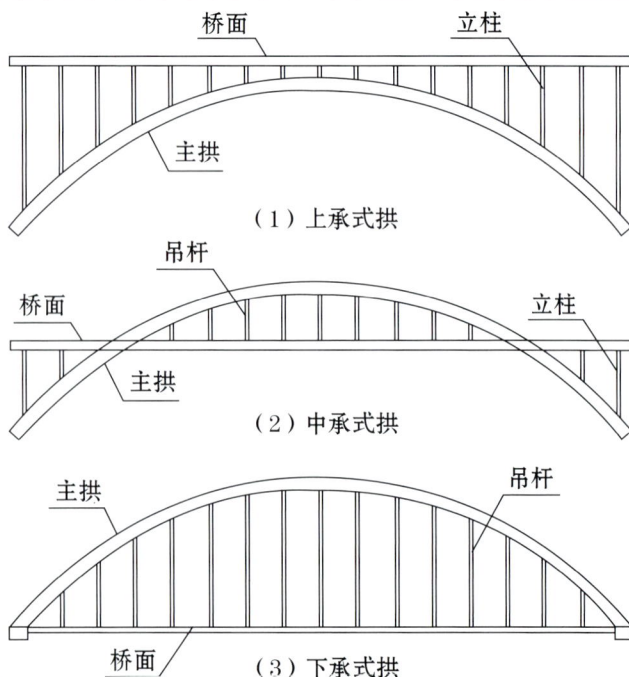

（1）上承式拱

（2）中承式拱

（3）下承式拱

上承式拱桥

中承式拱桥

下承式拱桥

连续刚构桥

V 形刚构—拱组合桥

斜拉加劲组合桥

斜拉桥

简支钢桁梁桥

简支钢筋混凝土桥

❸ 高速铁路桥梁有哪些特点?

高铁桥梁必须有足够的强度、刚度、稳定性和耐久性,对桥梁各结构的变形严格控制。

梁体挠度限值小。高铁桥梁跨度 40 米简支梁的梁体竖向挠度设计限值不大于梁长的 1/1500,即不大于 26.7 毫米,普通铁路相应跨度竖向挠度的设计限值不大于 1/800,即不大于 50 毫米,而公路相应跨度竖向挠度限值为 66.7 毫米。

墩台沉降控制严格。高铁无砟轨道桥梁均匀沉降不得超过 20 毫米,相邻墩台沉降量差不得超过 5 毫米。

❹ 高速铁路的桥梁为什么这么多?

我国已建成的高速铁路桥梁所占的比例较高,一般达到 50%~60%,有的甚至达到 80%~90%。而以往的普通铁路桥梁所占的比例大约 5%~6%,通常不超过 10%。

高速铁路桥梁多主要有以下原因:

解决铁路与道路交叉问题,高速铁路一律是全立交。

节约土地资源,修建桥梁可以少占地。

高铁桥梁的基桩很长,便于有效控制沉降。

另外,为了避免路桥频繁交替过渡,当桥间路堤段较短时,需要连续修桥,也使得桥梁长度增加。

如京津城际铁路杨村特大桥全长 35.8 公里,京沪高速铁路丹阳昆山特大桥长度达 164.7 公里,为世界第一长桥。

❺ 铁路许多桥梁为什么在工场生产?

我国高速铁路 90% 以上桥梁为中小跨度,梁部工场预制,可以严格控制制梁条件,保证质量;桥墩与梁部同时施工,明显减少作业时间。同时有利于养护维修。所以高速铁路大量采用标准设计的简支箱梁,工场预制,机械运输架设。

秦沈客运专线大量采用 24 米(重 550 吨)双线箱梁,首次研制并采用起重能力 600 吨的架桥机架梁。之后,研制出适用不同条件下的提、运、架配套的 900 吨架桥机和运梁车。

制梁场

900 吨提梁机与运梁车

架桥机架梁

❻ 高速铁路是怎样跨越长江、黄河的？

　　长江、黄河是中华民族的母亲河，武汉长江大桥、南京长江大桥，曾经是中国铁路建设史上里程碑式的标志性工程，许多中国人都对此记忆犹新。中国高速铁路是怎样跨越长江、黄河的呢？这里介绍几座跨越长江、黄河的高速铁路桥梁。

(1)南京大胜关长江大桥

　　为世界上首座6线铁路大桥，是京沪高速铁路的控制性工程。钢材总量相当于武汉长江大桥的4倍，一个桥墩承台面积有7个篮球场大。桥梁每米载重35吨，相当于35车道的公路桥。大桥上最高设计速度为300公里/小时。

70 吨变坡爬行吊机

新型钢材制造的桥梁杆件

南京大胜关长江大桥 8 号墩墩身施工

京沪高速铁路南京大胜关长江大桥雄姿

⑵武汉天兴洲公铁两用长江大桥

跨度大：斜拉桥主跨 504 米，为世界同类桥梁跨度之首。

荷载重：4 线铁路和 6 车道公路的公铁两用大桥，可同时承载 2 万吨荷载。

桥面宽：下层 4 线铁路，宽 30 米；上层公路 6 车道，宽 27 米。

⑶郑州黄河公铁两用桥

全长 22.891 公里，公铁合建部分全长 9.177 公里，是目前世界上最长的公铁两用桥。大桥公路、铁路采用上下层布置，上层为设计速度 100 公里/小时的双向 6 车道国道公路，下层为设计速度 350 公里/小时的高速铁路，创下世界特大型桥梁通行速度的新纪录。

武汉天兴洲公铁两用长江大桥

郑州黄河公铁两用桥

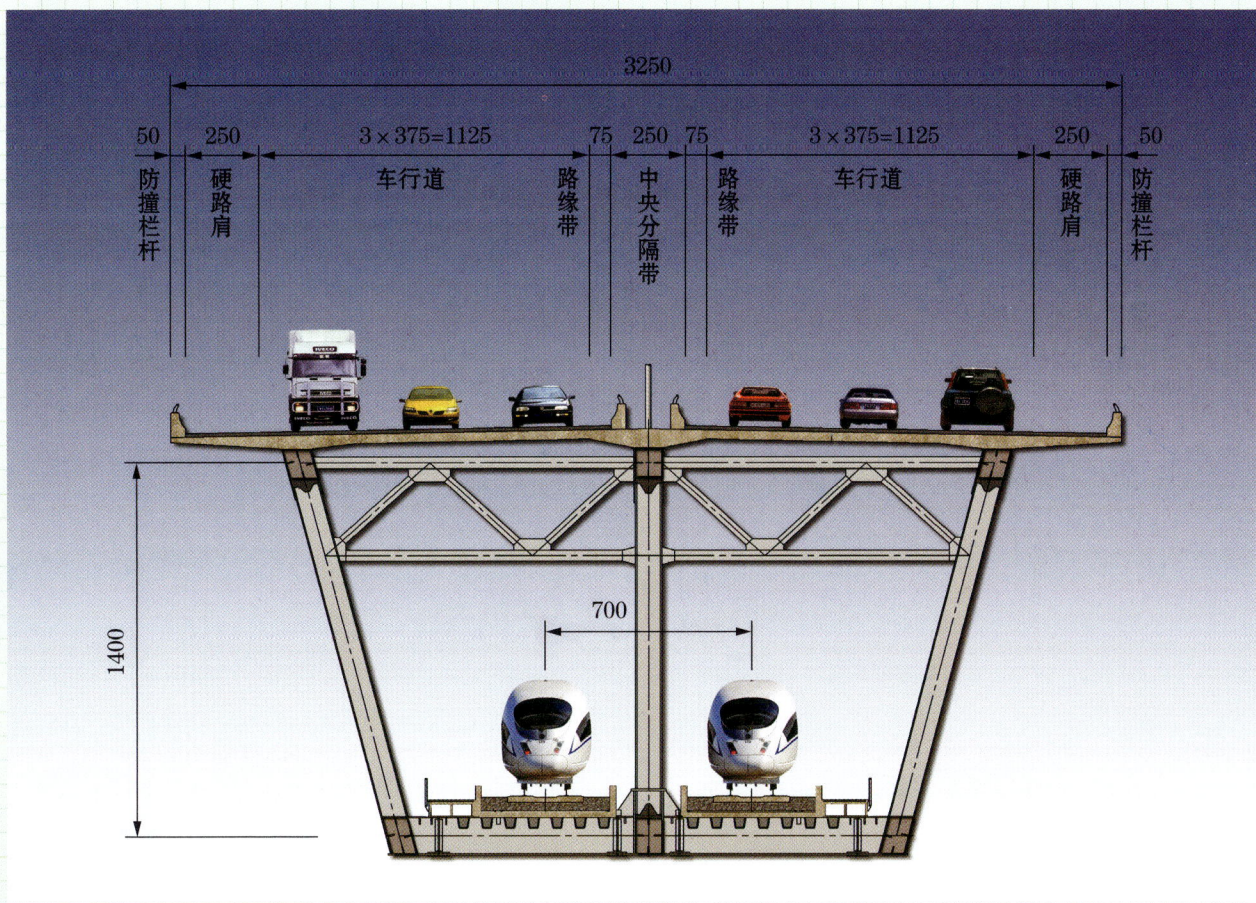

郑州黄河公铁两用桥主桥断面（单位：厘米）

隧道

隧道是修建在地下或水下并铺设轨道供列车通行的建筑物。

根据其所在位置可分为山岭隧道、水下隧道和城市隧道三大类。高速铁路隧道由于高速列车行车速度快，空气动力学效应强，为保证列车从其内部通过时不减速以及考虑旅客乘车舒适度要求，隧道断面必须足够大，宽大的断面使得隧道施工难度成倍增加，这也要求隧道结构强度高以保证行车的安全性。

❶ 隧道由哪几部分构成？

隧道由主体建筑物和附属建筑物两大部分构成。主体建筑物是为了保持隧道的稳定，保证隧道的正常使用而修建的，主要由洞身衬砌和洞门组成，也包括必要时在洞门口加筑明洞。附属建筑物是指为了保证隧道正常使用，方便养护、维修作业，以及满足供电、通信等方面需要的各种辅助设施，如隧道防排水设施、避车洞、运营通风设施及洞口缓冲结构等。

隧道

京沪高速铁路韩府山隧道群

洞身

❷ 高速铁路隧道有哪些特点？

　　高速铁路隧道数量多，长度大。高速铁路要求"高平顺度"。如果"随山就势"意味着小半径，影响行车速度，因此高速铁路需要截弯取直修建使线路顺直的隧道。不仅是遇到崇山峻岭需要以隧道形式通过，当穿越较大的河流时，通过科学论证也可以采用水下隧道代替跨河桥梁，如广深港客运专线上的狮子洋隧道，是国内第一条过江铁路隧道。

　　高速铁路隧道断面面积比普速铁路隧道大得多。由于隧道是一个半封闭空间，高速列车进入隧道时会产生压力波，在隧道中列车交会时的表面压力波会剧烈变动，实测最大值 10 千帕。增加隧道断面可以降低会车压力波，满足旅客舒适度要求，还可减小列车和隧道壁受力。高速铁路隧道宽约 13 米，高达 9 米，其高度相当于 3 层楼，其净空断面达到 100 平方米左右。隧道断面借鉴石拱桥的设计原理，选择抗压效果最好的圆形断面，保证隧道在围岩中的结构受力最为合理并节省工程造价。隧道底部与上部形成一个封闭的圆环形结构，底部空间采用混凝土填充，为无砟轨道的高精度铺设提供了坚实的基础。

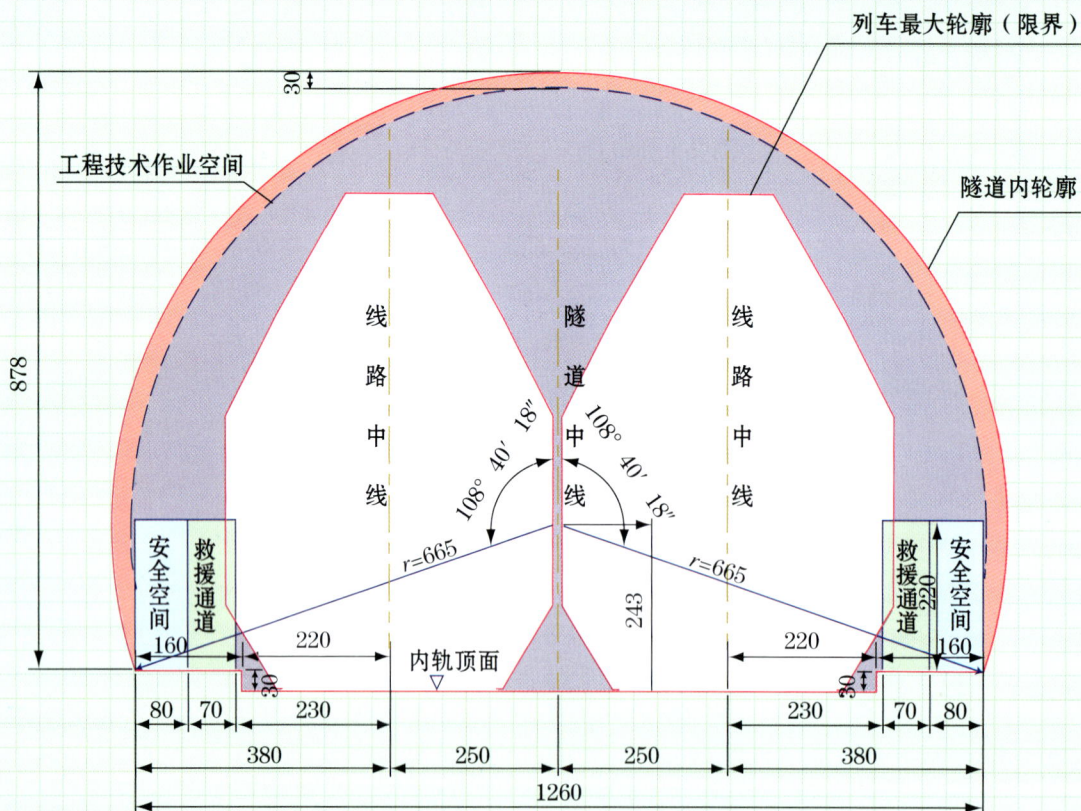

隧道内部结构（单位：厘米）

❸ 高速铁路隧道是如何修建的?

⑴高速铁路隧道施工会遇到哪些复杂地层?

由于隧道工程深埋于地下,隧道结构"上、下、左、右"各个部位均与其周边以外的地层(专业术语称之为"围岩")密贴,在修建过程中会遇到各种各样的围岩,如能凿出火花的硬质岩石、用铁镐能刨下来的软弱泥岩、开挖后能直立的黄土、能顺着手指缝流淌下来的风积沙等地层。工程师需要对围岩进行精准把脉,掌握其特性,采取措施以保证工程顺利实施。

隧道出碴

隧道掘进机

⑵高速铁路隧道施工方法主要有哪些?

针对复杂的地层条件,隧道工程师研制出了各种有针对性的施工方法,主要分两类,一类是用机械化程度较高的隧道掘进机法或盾构法,其原理是通过刀具切割岩体全断面整体向前推进。另一类是采用炸药爆破开挖施工的"钻爆法",其主导思想是"化整为零,积零为整",即先分部开挖,再将各开挖部分连起来,该方法包括台阶法、弧形导坑法、交叉中隔壁法等。随着科技的进步,多功能钻机、机械喷锚手、三臂凿岩台车等先进的大型机械设备在施工中大显神威,一定程度上替代了传统的"打眼、放炮、出碴、进料"施工模式。具体采用哪种施工方法,要根据地质条件进行比选后确定。

钻爆法施工

三臂凿岩台车

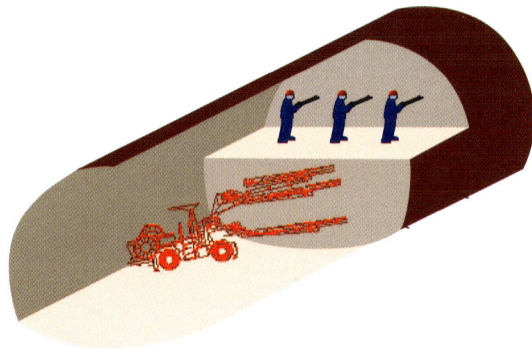

台阶法

弧形导坑法

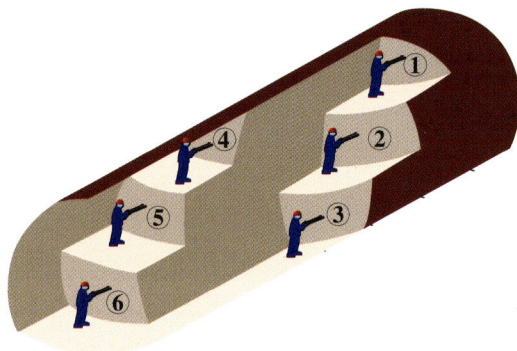

中隔壁法

⑶隧道施工遇到涌水突泥如何处理？

隧道施工中发生的大股涌水，水压力通常很大，类似河流溃坝决堤，如果伴随大量的松散沙石泥块等碎屑，就可能形成涌水突泥，宛如暴雨期间山区发生的泥石流，情况突然，破坏力极强，危害巨大，是严重的地质灾害之一。遇到这种情况则需要根据超前地质预报（类似医学上采用的CT）、钻探等综合手段，获取围岩的准确信息，采取"注浆封堵、加固地层"等措施进行应对。

隧道涌水突泥病害

(4) 如何在岩溶地层中修建隧道？

提起溶洞，大家会想起桂林的七星岩与芦笛岩、张家界的黄龙洞、贵州的龙宫等地下奇观。进入洞中，豁然开朗，宛如仙境。然而隧道工程遇到溶洞可是无心赏景，而是要想方设法排除障碍、清除陷阱、打通道路。溶洞直径小则几米，大则超过几个篮球场，并填充各种年代久远的沉积物，在施工中需要对岩溶水进行疏排或封堵，对溶腔进行加固，如果在岩溶中遇到大的暗河，则需要在隧道内修"隧中桥"了。

(5) 如何在膨胀岩层中修建隧道？

隧道开挖后，有一种地质现象为：隧道周围的岩体明显向隧道内变形，使得隧道净空面积不断缩小，甚至满足不了设计所需要的空间要求，已经做好的支护结构被挤压破坏甚至被压垮，足见大自然的威力，这对隧道工程的正常施工影响很大，如果处理不好，隧道工程的实施将会前功尽弃。面对这种围岩需要精准号脉，找到造成大变形的真正内因，可以从两个方向对症下药，一个方向是预留合适的变形空间，允许其变形，待膨胀力衰减后再进行支护，另外一个方向是设置足够强度的支护满足工程受力要求。

右侧挡墙

洞渣回填

溶洞中架桥示意图

4 具有代表性的中国高速铁路隧道有哪些?

(1)太行山隧道

石太客运专线太行山隧道全长 27.848 公里,最大埋深 445 米,设计为双洞单线隧道,两线间距离 35 米,是目前我国最长的高速铁路山岭隧道。隧道设置了运营通风和发生火灾时的防灾通风设施。

太行山隧道

(2)大瑶山隧道群

京广高速铁路大瑶山隧道群由大瑶山1、2、3号隧道组成,隧道长度分别为10.081 公里、6.024 公里、8.373 公里,其中1、2号之间距离为 167 米,2、3号之间为 47 米,三座隧道均为双线隧道。隧道群设置了疏散定点、洞口消防、事故通风等设施。

施工中的大瑶山隧道

(3)浏阳河隧道

京广高速铁路浏阳河隧道全长 10.1 公里，下穿京珠高速公路、星沙开发区、浏阳河、长沙市机场高速公路等困难地段，其不良地质包括不均匀风化层、强富水与透水地层、软土、人工填土等，设计、施工难度相当大。

浏阳河隧道

(4)狮子洋隧道

广深港客运专线狮子洋隧道全长 10.49 公里，其中盾构段长 9.34 公里，盾构内径 9.8 米，穿越珠江口狮子洋河段，水深流急。建设中，隧道水压高、地层渗透性大，设计采用洋底"地中对接、洞内解体"的盾构施工方法亦为国内首创，是我国第一座过江高速铁路隧道。

狮子洋隧道

(5)函谷关隧道

郑西线函谷关隧道，全长 7.85 公里，是我国最长、断面最大的黄土隧道，开挖断面面积达 164 平方米。

函谷关隧道

❺ 列车高速通过隧道时为什么会产生"呼"的声响？

高速列车进入隧道，前方的空气受到挤压，这种挤压状态以声速传播至隧道出口，骤然膨胀，产生一个被称为微气压波的次声波。这种微气压波会产生"呼"的声响。隧道洞门设置成喇叭口形状并适当开孔，使得这种作用消减，减少噪声污染。同时瞬变压力的减小能够提高旅客乘车舒适度。

喇叭口洞门

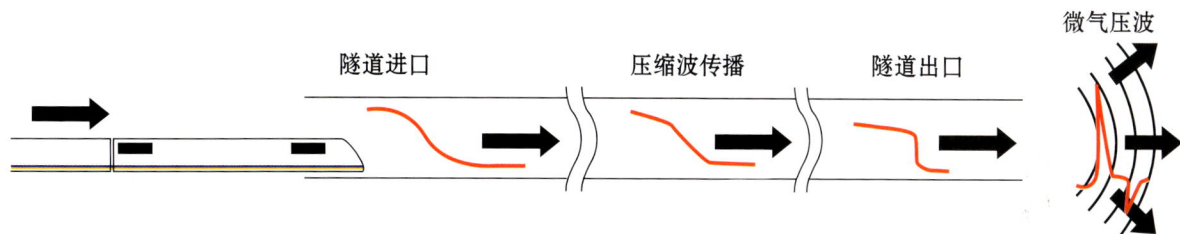
隧道进口　　压缩波传播　　隧道出口　　微气压波
微气压波原理图

轨道

轨道结构直接关系高速列车运行安全性、旅客乘坐舒适性，必须具备高平顺性、高可靠性和高稳定性。

❶ 轨道由哪几部分构成？

轨道由钢轨、扣件、轨枕、道床等组成，是列车行驶的基础。普通铁路道床采用碎石材料，高速铁路轨道结构分为有砟和无砟轨道两种类型，以采用无砟轨道结构为主。

哇，原来是这样啊！

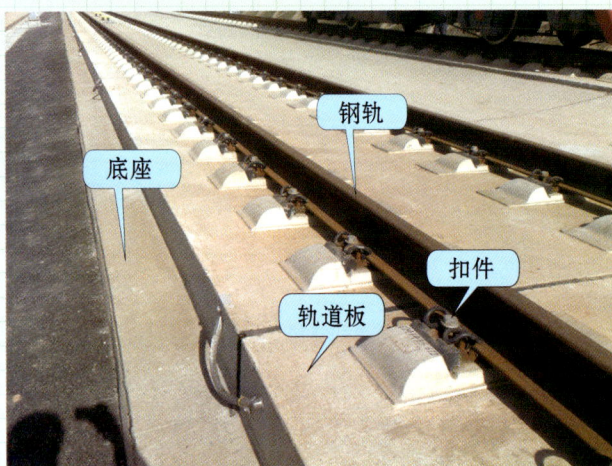

底座　钢轨　扣件　轨道板

无砟轨道

钢轨　扣件　轨枕　道砟

有砟轨道

❷ 什么是无砟轨道？

顾名思义，无砟轨道就是没有碎石的轨道，由钢筋混凝土浇筑而成。和有砟轨道相比，无砟轨道能够长久保持钢轨的形状和位置、在较长的服务期内不需要大规模维修，同时还具有轨道结构耐久性好、整洁美观的特点。我国常用的无砟轨道结构型式有板式和双块式无砟轨道。

双块式无砟轨道

纵连板式无砟轨道

❸ 高速铁路无砟轨道是怎样修建的？

无砟轨道直接承载高速列车运行，为确保高速列车安全运行以及旅客乘坐舒适，其建设过程必须精细、严谨、科学。

首先需保证路、桥、隧等下部基础坚实稳固，同时布设一张精密的控制测量网以保证结构平面和高程位置的准确定位。在工厂内预制轨道板（轨枕），严格控制各部件尺寸的精确度和制造质量。待轨道板（轨枕）预制件运至施工现场后，现场浇筑混凝土底座、精确定位铺设轨道板、通过灌注特殊配置的水泥砂浆将轨道板与底座粘合，最后用扣件将钢轨固定在轨道板上，形成平顺、稳定、安全、耐久的高速铁路无砟轨道。

轨道板钢筋绑扎

混凝土布料

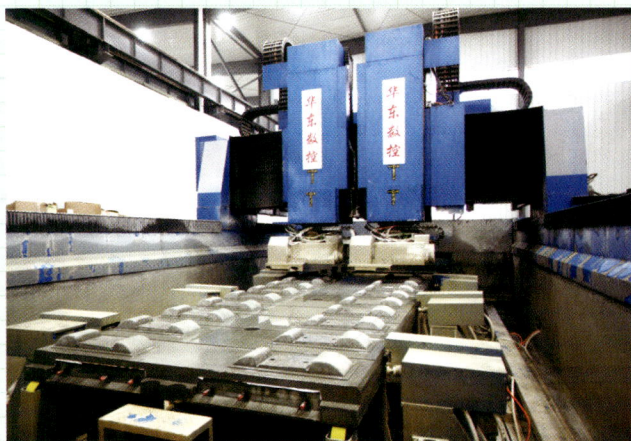

轨道板打磨

轨道板精调

❹轨道板为什么要进行"身份登记"？

　　细心的人可能会注意到，高速铁路上采用的轨道板上每块都有独立的编号，这些编号是做什么用的呢？

　　其实编号就是轨道板的"身份证"，每个编号都对应轨道板的相关技术信息。如京沪高速铁路全线共计40.7万块轨道板，为了保障高速列车的平稳运行，每块轨道板在工厂内预制时编号都对应特定的线路平面及高程信息。现场施工时根据每块板的"身份证"号，实现轨道板的精确铺设。

轨道板编号

灌浆区

铺设完毕的轨道板

❺ 高速道岔有什么特点？

道岔就是铁路的"分路器"，引导列车从一条铁路转到另一条铁路。道岔由主线和侧线组成，主线为直线，侧线为从主线引出的偏向左侧或右侧的支线，侧线与主线衔接处的部分钢轨为尖轨，通过控制尖轨的方向引导列车沿主线运行或从主线转到侧线。高速道岔与普通道岔相比，具有高速度和高舒适性的特点。

高速道岔号码主要有 42 号和 18 号，侧线通过速度分别为 160 公里 / 小时和 80 公里 / 小时。高速道岔主线允许通过速度达到 350 公里 / 小时。

高舒适性是因为高速道岔的刚度是一致的，即通过每个轨枕上垫板的刚度变化调节钢轨布局的刚度变化，使前后一致。所以乘坐高速列车进出站时感觉晃动轻微，舒适度高。而坐普通列车进站或出站时，旅客感到的晃动就比较明显了。

高速 18 号道岔设置 5 台转辙机，高速 42 号道岔设置 9 台转辙机，这些转辙机由微机控制，具有高度智能性，动作协调一致，有效地保证了列车安全、高速通过道岔。

转辙机

尖 轨

转辙机

侧 线

主 线

高速道岔

❻什么是无缝线路？ 为什么要采用无缝钢轨？ 如何铺设？

以往线路主要采用标准长度为 25 米的钢轨，相邻钢轨间通过接头夹板连接，并留有几毫米到十几毫米的轨缝。无缝线路是把钢轨焊接成没有缝隙的长轨条，以京沪高速铁路为例，从北京至上海 1318 公里长的钢轨没有一个接缝。施工时首先将钢厂生产的 100 米定尺长钢轨焊接成 500 米，然后将 500 米长钢轨运到现场焊接为 2 公里长，形成一个管理单位，最后再将相邻 2 公里长钢轨焊联起来，形成无缝线路。

与普通线路相比，列车走行在无缝线路连续的钢轨顶面，保证了行进的平顺，减少了对轨道部件的伤损，大幅减少了现场工作人员的养护维修工作。无缝线路经济效益显著，据有关部门统计，无缝线路至少能节省 15% 的经常维修费用，延长 25% 的钢轨使用寿命。同时旅客在乘坐列车过程中，耳畔也不再响起车轮通过钢轨缝隙时发出的"咔哒—咔哒"声。

500 米长钢轨

焊接

铺轨

❼ 无缝线路的热胀冷缩是如何解决的？

　　普通线路设置轨缝主要是为了防止在温度升降时钢轨的伸缩，避免在轨道中产生温度力。不要小看这个温度力，如果温度变化50度，没有轨缝钢轨就将承受高达约100吨的力。如此巨大的力不加以防范，足以将钢轨顶得七扭八歪，影响列车安全运行。

　　无缝线路的实现是采用强大的线路阻力来锁定轨道，限制钢轨的自由伸缩。通过合理确定锁定温度，采用高标准的扣件、轨枕和道床等轨道部件对钢轨进行约束，采用了高强度钢轨承受温度力。施工中采取合理的工艺，运营过程中开展定期的巡检等手段，从而确保无缝线路的使用安全。

高标准的扣件、轨枕和道床

❽ 高速铁路为什么要精确定位？是如何实现的？

正如神州飞船与空间站交会对接工程，需要通过高精度的地面测控技术，将飞船准确送入预定轨道并与空间站准确对接一样，高速铁路施工也要高精度。为了保证旅客乘坐高速列车的舒适度和安全性，轨道设计和施工要求精确平顺，需将误差控制在毫米级，为满足如此苛刻的精度要求，必须采用精密控制测量技术，依据轨道设计的绝对坐标和高程对轨道进行精确定位。精密控制测量技术主要有卫星定位技术、测量机器人自动测量技术及电子水准精密测量技术等，通过这些技术建立高精度的轨道控制网，作为轨道板铺设和轨道精调的基准。

轨道板精调

测量机器人   对中三脚架   工控机

显示器

精密棱镜

倾角传感器

测量滑架

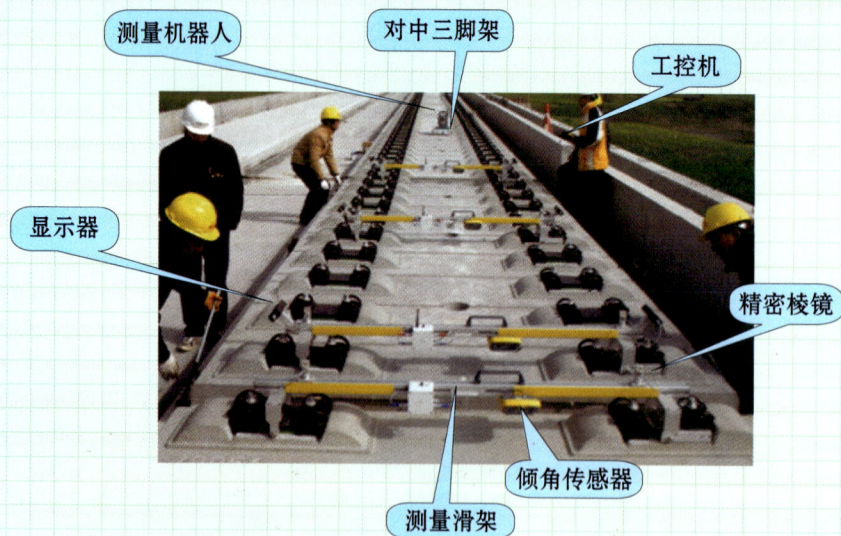

无砟轨道定位

无砟轨道板精调是对轨道板按照设计要求进行高精度的三维坐标定位测量，是无砟轨道施工质量的关键环节，依据轨道控制网，通过测量机器人、轨道板测量标架、测控计算机及其他组件共同实现轨道板的精确定位。

钢轨精调

❾为什么轨道要高精度铺设？

为了使列车平稳运行，轨道铺设的精度是关键，控制标准是：水平面内两根钢轨间距离与标准距离偏差不得超过 1 毫米；垂直面内钢轨的顶面偏差在 5 米范围内不得超过 2 毫米，150 米范围内不得超过 10 毫米。

模拟钢轨精调系统

性能优越的高速列车
Superior High Speed Train

❶ 高速列车为什么采用动车组型式？

传统的铁路旅客列车采用机车牵引客车方式，所以人们常说"火车跑得快，全靠车头带"。对于中国人来说，蒸汽机车牵引着长长的绿皮车，给我们留下了许多难忘的记忆。

高速列车采用动车组型式。动车组是由动车与拖车组成、固定编组使用的车组。动车组往返不需掉转车头或摘挂机车，非常适合高速铁路高密度公交化穿梭运行。因此，高速铁路旅客列车普遍采用动车组型式。

动车组可分为动力集中和动力分散两种牵引方式。

列车两端固定配置专用动力车，中间均为拖车即为动力集中动车组。动力集中动车组在法国、德国等欧洲国家得到大量应用。动力集中动车组易于检修维护。但是由于动力设备集中于两端，功率提升受空间制约，而且轴重比较大，达到 17 吨以上，对线路要求苛刻。

列车的动力车有多个，且既可在两端又可在中间分布的动车组是动力分散动车组。

动力分散动车组功率提升空间大，轴重可在14吨以下，可靠性高、编组灵活、列车利用率高，而且头车也可以设置旅客席位，起动加速性能好等优点明显，因此动力分散动车组已成为技术发展趋势。看来火车要跑得更快，要像"拔河"一样，不能光靠"车头带"，要靠"大家拽"。

德国近年来开发的 ICE3 及以后的高速列车为动力分散动车组。日本的动车组始终采用动力分散技术。

我国早期研制的"中华之星"动车组为动力集中动车组。目前制造的 CRH 系列动车组都是动力分散动车组。

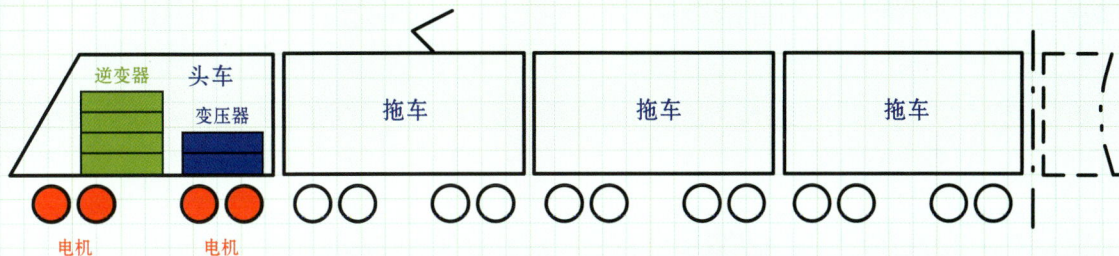

动力集中动车组将动力装置集中于列车端部

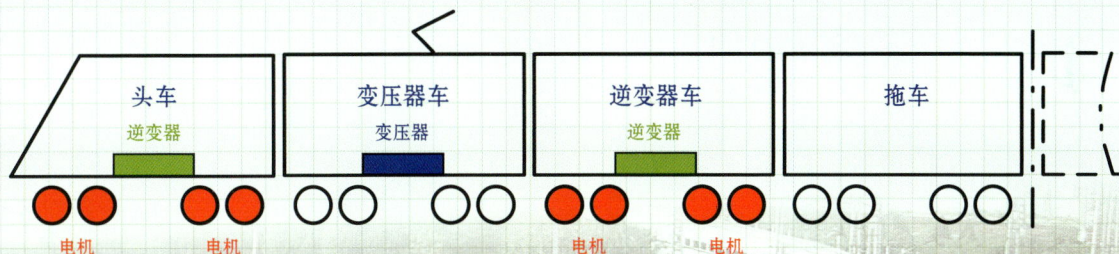

动力分散动车组将动力装置分布于整个列车

❷ 我国有几种高速动车组？

我国幅员辽阔，南北气候不同，路网规模庞大，各地人口分布和经济发展不均衡，旅客出行长、短途要求各异，运输需求复杂。

为满足不同需求，我国高速铁路动车组分为两个速度等级。其中，200～250公里/小时速度等级的有CRH1、CRH2、CRH5型，300～350公里/小时速度等级的有CRH2-300、CRH3、CRH380系列等。

国产动车组有8辆短编组、16辆长编组两种编组方式。座车设有一等、二等、商务等车厢，还有适应长途运输的卧铺动车组，适应寒冷地区的高寒动车组等品种。

高速动车组是具有高度智能化的机电一体化运载装备。主要由车体、牵引装置、转向架、制动装置、列车网络控制部分等组成。

与国外高速列车比较，国产动车组车体普遍较宽，增加了座席；采用单相工频（50赫兹）25千伏供电；转向架适应中国线路；使用中国铁路列车运行控制系统CTCS-2级和CTCS-3级列车运行控制系统等。

CRH1 型动车组

CRH3 型动车组

CRH2 型动车组

CRH5 型动车组

CRH380 型动车组

⑧ 网络控制

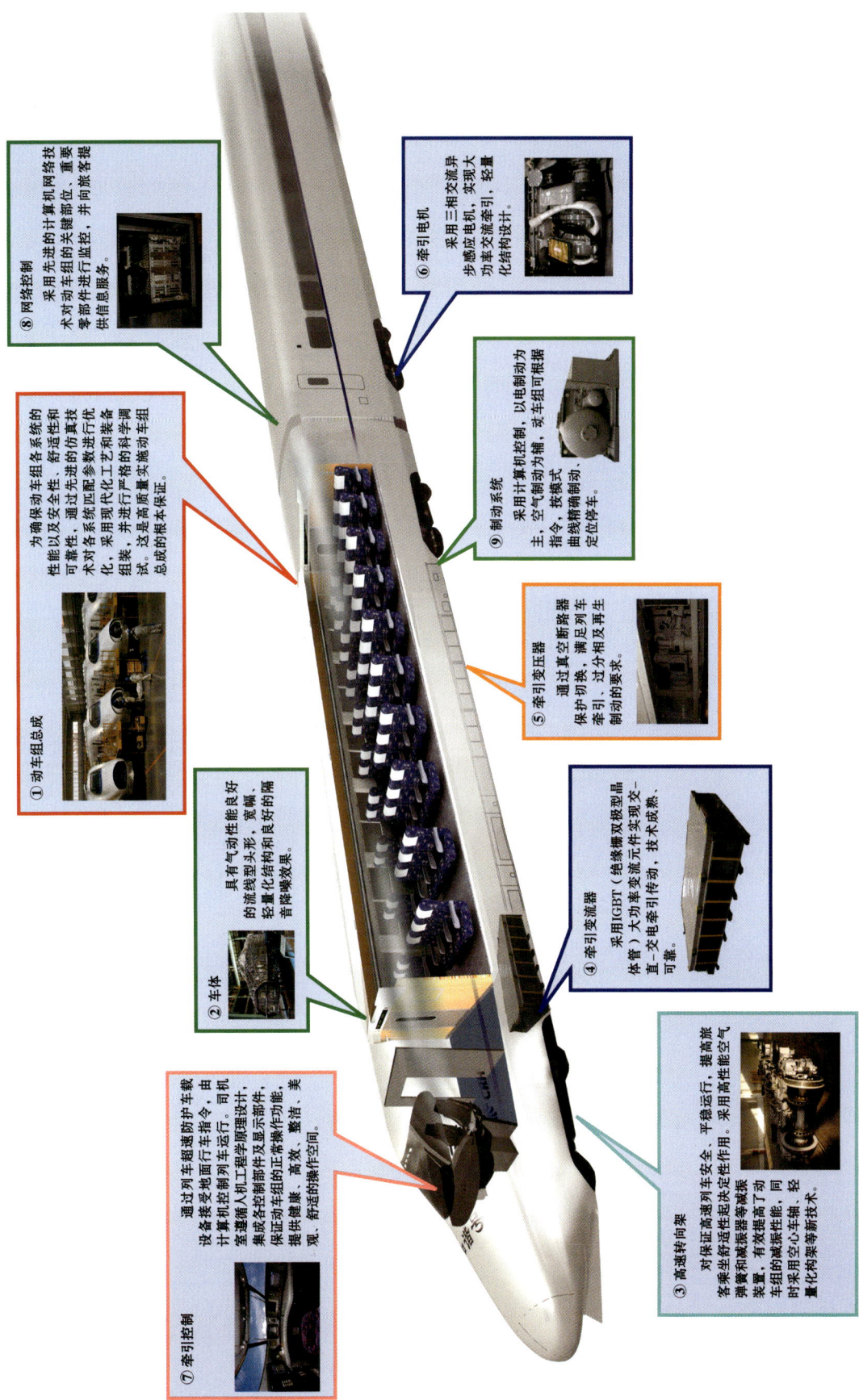

采用先进的计算机网络技术对动车组的关键部位、重要零部件进行监控，并向旅客提供信息服务。

⑥ 牵引电机

采用三相交流异步感应电机，实现牵引大功率交流牵引、轻量化结构的设计。

① 动车组总成

为确保动车组各系统的性能以及安全性、舒适性和可靠性，通过先进的仿真技术对各系统匹配参数进行优化，采用现代化工艺和装备，并进行严格的科学调试。这是高质量实施动车组总成的根本保证。

⑨ 制动系统

采用计算机控制，以电制动为主、空气制动为辅，按模式指令，实现列车组可根据曲线精确制动、定位停车。

② 车体

具有气动性能良好的流线型头形、宽幅、轻量化结构和良好的隔音降噪效果。

⑤ 牵引变压器

通过真空断路器保护切换，满足列车牵引、过分相及再生制动的要求。

④ 牵引变流器

采用IGBT（绝缘栅双极型晶体管）大功率变流元件实现交直—交电牵引传动，技术成熟、可靠。

⑦ 牵引控制

通过列车超速防护车载设备接受地面行车指令，由计算机控制列车运行。司机室遵循人机工程学原理设计，集成各控制部件及显示部件，保证动车组的正常操作功能，提供健康、高效、美观、舒适的操作空间。

③ 高速转向架

对保证高速列车安全、平稳运行，提高乘坐舒适性起决定性作用。采用高性能空气弹簧和减振器等减振装置，有效提高了动车组的减振性能，同时采用空心车轴、轻量化构架等新技术。

高速动车组的基本构成

③ 高速列车为什么能跑得这么快?

高速列车为什么跑得这么快?从高速铁路系统来说,离不开线路、动车组、列车运行控制系统这三大基本要素。

就动车组而言,既要采用大功率牵引动力,提供足够的牵引力,达到列车最高速度、加速性能和爬坡能力等动力性指标;又要有可以满足列车安全、可靠、平稳运行的车体、转向架、制动、列车网络控制系统等。

比功率是衡量高速列车动力性能的重要指标,指的是列车最大牵引功率与列车总质量之比。

比功率(千瓦/吨)=最大牵引功率(千瓦)/总质量(吨)

列车正常运行时,必须通过牵引力克服运行阻力。列车运行阻力一般包括轮轨滚动阻力、空气阻力、坡道阻力和加速时的惯性阻力。比功率是列车最高速度的决定因素。比功率越大,可达到的最高速度越高。

例如:同属一个系列的速度等级为250公里/小时 CRH2A 型动车组和速度等级为350公里/小时 CRH2C 型动车组相比,列车外形、总重等参数都差不多,但是,动力配置前者为4动4拖,牵引功率4560千瓦,列车重量352.7吨,后者为6动2拖,牵引功率8320千瓦,列车重量388.4吨,比功率分别大约为12.9千瓦/吨和21.4千瓦/吨,所以导致两种动车组的最高速度存在较大差距。

提高牵引功率可以提高比功率;采用轻量化车体以减轻高速列车自重,也可以提高比功率。

随着列车运行速度提高,空气阻力将增加,当列车速度超过200公里/小时后,其将成为列车运行阻力的主要部分。为此,高速列车普遍采用流线型头形,目的是通过优化空气动力学性能,降低空气阻力,提高运行速度。

国产 CRH380AL 型高速动车组牵引功率为20482千瓦,列车重量818.5吨,比功率25千瓦/吨,同时采用低阻力流线头型,CRH380AL 型动车组曾创造了486.1公里/小时的运营试验最高速度纪录。

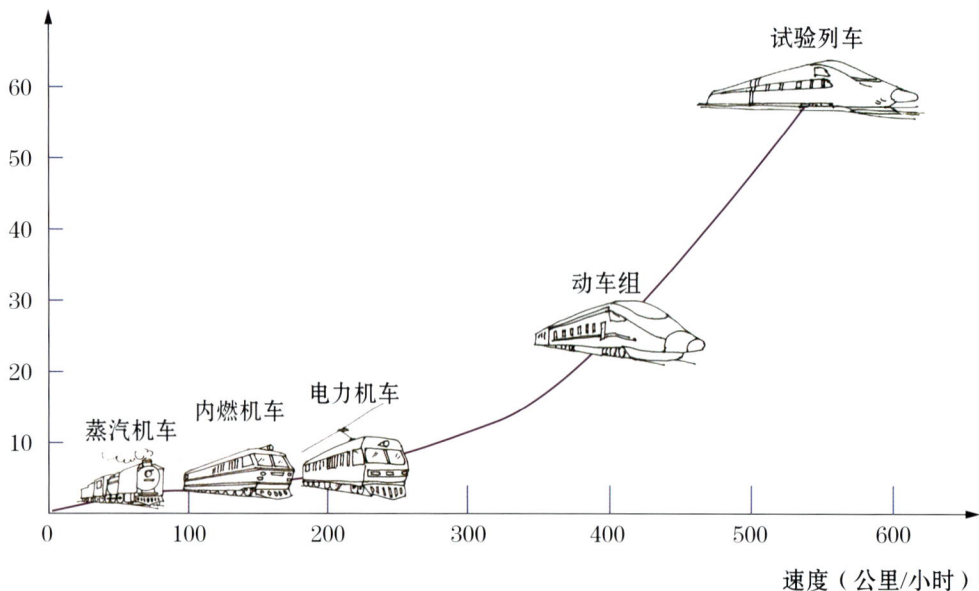

列车运行速度与比功率关系图

④高速动车组车体是什么样的？

车体是高速动车组的"躯干"。

要满足高速动车组的运行要求，必须解决车体结构轻量化、空气动力学和车体气密性三大问题。

我国高速动车组车体主要采用大型中空挤压铝合金型材焊接结构，兼顾轻量化和承载能力强的需求。

我国高速动车组车体采用流线型头形，车窗、侧拉车门与车体构成一个平整而光滑的表面，车与车之间由内、外风挡连接，安装在地板下的设备及管线装进整体设备舱，并用裙板将车体的下部罩起来，使得从外面看整个车体像一个平滑的箱体。以此最大限度地减少高速列车运行的空气阻力、气动噪声、隧道微气压波和会车压力波的不利影响。

高速动车组对车体气密性有严格要求。

乘过飞机的很多人有这样的体验，飞机起降时耳膜有压痛感，这主要是由于飞机爬升或者下降速率过大，机舱内气压变化太快，耳膜内外压差不一致导致的。我们知道地面大气压强是 101.325 千帕，而万米高空的大气压强仅约为 26.4 千帕。由于飞机机舱属于轻量化很高的空间薄壁结构，飞机难以承受过大的内外压差，所以机舱内的压力不能保持在地面气压，而会随高度增加而减小。在飞机爬升和下降时，机舱内的气压变化较大。

动车组铝合金车体结构

流线型车头外形

齐平的动车组车窗

包裹的动车组裙板下部

平整的车间连接风挡

平滑的动车组车门关闭结构

高速动车组是在地面运行的，外部压力变化是由于会车、过隧道时产生的列车表面压力波造成的，可以通过提高车体强度和气密性，保持车厢内气压变化和变化速率尽量维持在较低水平，所以旅客乘坐高速动车组感觉到的耳膜压痛感很小。

我国高速动车组要求车厢内气压从4千帕降至1千帕，时间必须大于50秒，以保证车厢内气压波动不影响旅客乘坐舒适度。

线条流畅、体格健壮、轻盈柔美，高速动车组"躯干"追求的不就是当今"寓美于健，健美相融"的人类健美标准吗？

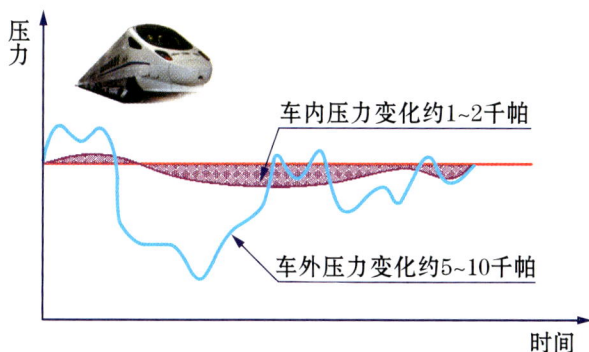

车厢内外压力波动对比示意图

动车组速度变化时乘客耳膜没有明显压痛感

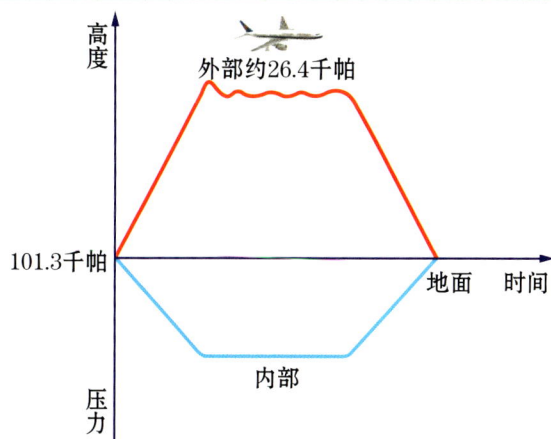

机舱内外压力波动对比示意图

飞机起降时乘客耳膜有压痛感

❺为什么高速动车组采用交流传动技术？

交流传动系统是高速动车组的"心脏"。

牵引传动的方式有很多，为什么我国高速动车组采用交流传动技术？

什么是交流传动？通俗地讲，就是把从接触网取来的单相高压交流电变成供牵引电机用的三相交流电的过程。

交流传动基本原理：动车组经受电弓从接触网获得单相工频25千伏交流高压电，输送给车载牵引变压器进行降压，然后通过高频脉冲整流器变换成直流电，再由逆变器将直流电变换成调频调压的三相交流电，这个过程称为交—直—交变换。最后从逆变器输出的三相交流电供给交流牵引电机，牵引电机转动后输出的转矩通过减速齿轮传递给轮对，从而使动车组获得牵引整列高速动车组前进的轮周牵引力。

可见，只有将从接触网上获得的单相交流电转换成三相交流电，才能驱动三相交流异步牵引电机。

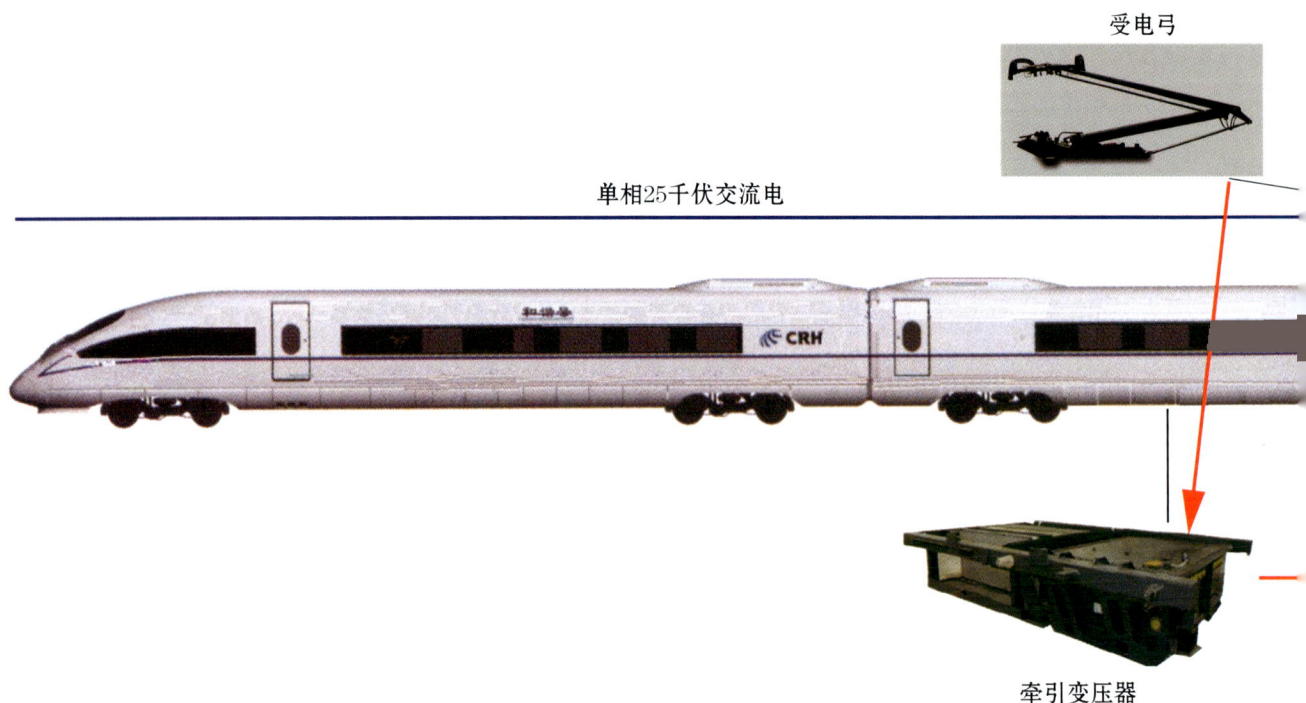

受电弓

单相25千伏交流电

牵引变压器

交—直—交电传动原理

与直流电动机相比，三相交流异步电动机结构简单、无换向器和电刷，主电路控制牵引状态与再生制动的切换时均由无触点电子元器件完成，除轴承外无其他摩擦部件，电动机维修量少。同时，体积小、重量轻、转速高、功率大。此外，交流传动还具有牵引制动特性好，易于再生制动，黏着利用率高，功率因数高，谐波干扰小等优点。

其实，交流传动技术的最大魅力是可靠性高、维修简便。因此，高速动车组普遍采用交流传动技术。

动力分散动车组常常由几个动力单元组成，每个动力单元是一个相对独立的牵引系统，运用中如果某个动力单元故障，其余动力单元仍然可以驱动列车运行，这样动力分散动车组不仅拥有轴重小、功率大等长处，而且运用可靠性也更高。

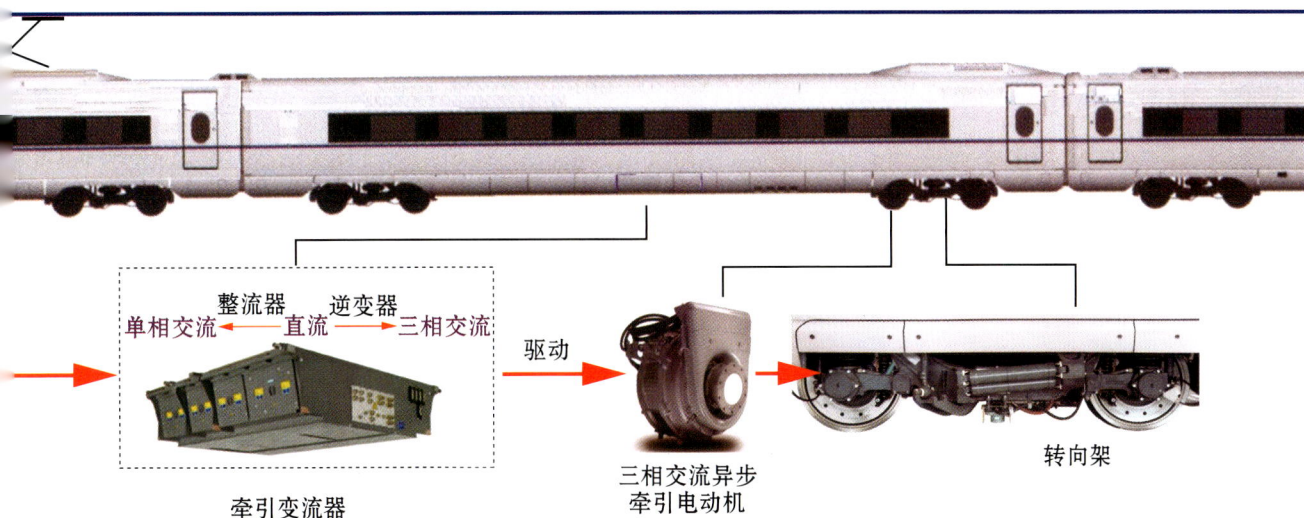

整流器　逆变器
单相交流 ← 直流 → 三相交流　驱动

牵引变流器

三相交流异步
牵引电动机

转向架

❻高速动车组转向架是怎么回事?

转向架是高速动车组的"飞毛腿"。

什么是转向架? 转向架是一个铁路专用名词,咋一听不好明白,实际上就是一个"小车"。这是一个在构架上装有两个轮对组成的"小车",大小跟一辆普通轿车差不多,动车组车厢就搁在这种"小车"上,而且可以有一定程度的转动,这种"小车" 被称为转向架。每节车厢下面有两个,因为安装在车厢下面,我们不容易看到它的"庐山真面目"。

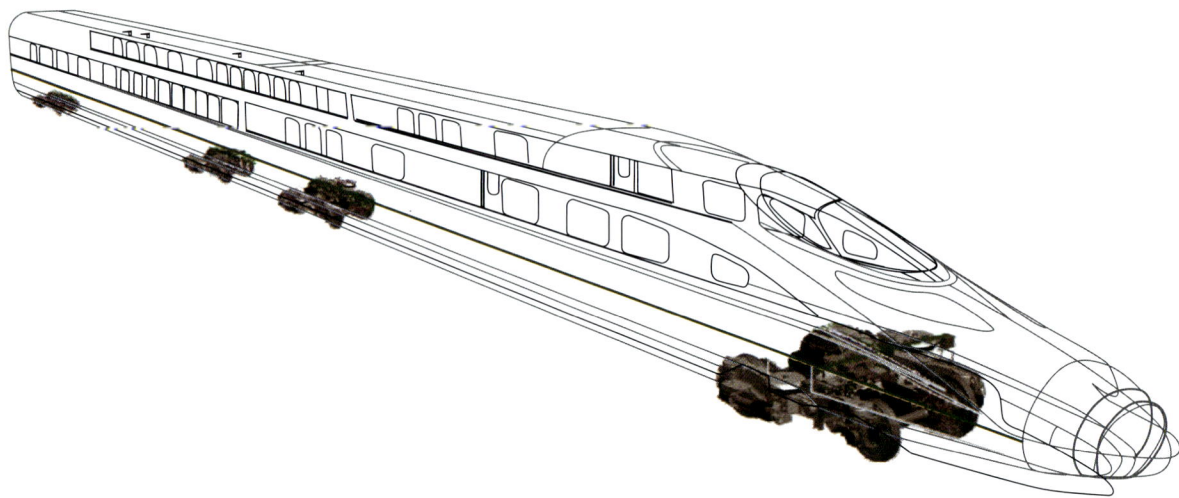

转向架支撑动车组原理示意图

为什么要用转向架呢?转向架的重要功能之一是用于铁路车辆转向,也就是拐弯。我们知道火车没有方向盘,那么它是怎样通过曲线的呢?当车辆以一定速度开始进入曲线时,前轮对的外轮轮缘与外轨的内侧面接触,互相挤压产生导向力,并由导向力引起导向力矩,使转向架相对线路产生转动。另外,铁路轨距是固定的(标准轨距为 1435 毫米),在曲线上外轨长、内轨短。车轮与钢轨接触的部分称为踏面,踏面被设计成锥形,目的是解决轮对通过曲线的问题。当轮对通过曲线时,由于踏面有锥度,轮对向外移动后,外轨与车轮接触点的直径大,走行距离长,内轨与车轮接触点的直径小,走行距离短,这样便可以顺利通过曲线。

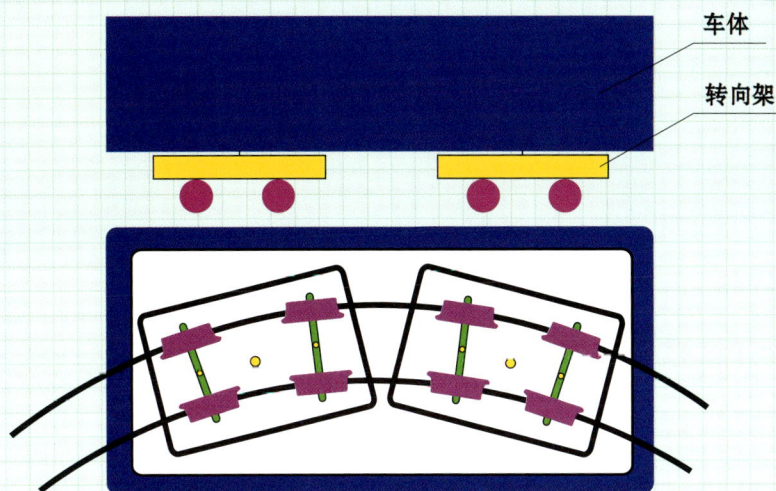

转向架通过曲线原理示意图

车体
转向架

轮轨接触

车轮采用有锥度的踏面还有一个好处，就是在直线运行时自动对中。车辆运行轨迹实际上是蛇行运动，由于车轮左右摆动，接触直径不断变化，采用有锥度踏面起到了自动对中的作用。

转向架如何适应高速运行？随着速度的提高出现问题了，车辆的蛇行运动会出现失稳现象，一旦失稳，车轮将猛烈冲击钢轨，甚至造成脱轨翻车，这是铁路安全绝对不能允许的。必须避免出现蛇行运动的失稳现象。

要让动车组高速运行不出现蛇行运动失稳有办法吗？答案是有的。高速转向架通过采用轴箱弹性定位、空气弹簧、轴箱弹簧、各类减振器、弧形车轮踏面等措施，来保证在车辆运行速度范围内不出现蛇行运动失稳情况。

通过优化设计，高速动车组转向架的失稳临界速度可以达到 500 公里 / 小时以上。

运行方向 ➡

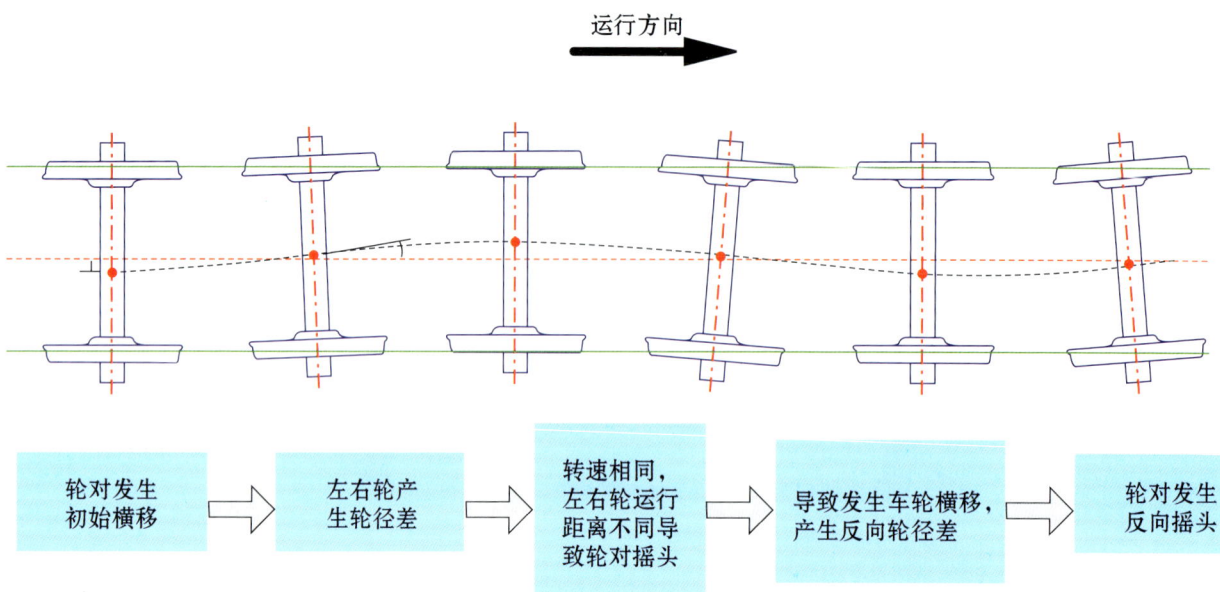

| 轮对发生
初始横移 | ⇒ | 左右轮产
生轮径差 | ⇒ | 转速相同，
左右轮运行
距离不同导
致轮对摇头 | ⇒ | 导致发生车轮横移，
产生反向轮径差 | ⇒ | 轮对发生
反向摇头 |

车辆蛇行运动原理示意图

　　转向架除了支承车厢运行外，还担负将列车牵引和制动力传递到车轮上的任务。

　　转向架又分为动车转向架和拖车转向架，动车转向架上装有牵引电机、齿轮箱、轮盘制动等，拖车转向架上装有轴盘制动，高速转向架普遍采用高强度合金钢轻量化构架、空心车轴、铝合金齿轮箱、空气弹簧、减振器等。

　　归纳起来，转向架主要具有承载、导向、减振、牵引、制动等功能，高速动车组要跑得快离不开转向架这个"飞毛腿"。

转向架滚动试验

□ 构架
　　薄壁箱型轻量化结构，耐大气腐蚀材料，经受 1200 万次疲劳强度试验

□ 基础制动装置

□ 二系悬挂
　　牵引、减振，保证列车运行平稳性和舒适性

□ 牵引驱动装置

□ 轮对组成
　　承担车辆载荷，磨耗型踏面与轨道形成良好匹配

□ 一系悬挂
　　保证转向架 400公里/小时以上的临界速度

动车转向架

拖车转向架

⑦ 高速动车组如何实施制动？

高速动车组的制动是实现安全、高速运行的保障。

高速动车组不但要跑得快，还要具备调速和在规定的距离内停车的功能，调速和停车功能是由制动系统来实现的。

动车组是怎样刹车的？"刹车"就是高速动车组制动系统。我们对自行车通过刹车胶皮、汽车通过刹车盘进行制动，实现调速和停车并不陌生，这是一个动能通过摩擦转化成热能耗散掉的过程。传统的铁路机车车辆以闸瓦抱住车轮通过摩擦制动，道理跟自行车、汽车大同小异。

高速动车组的制动与传统的制动比较发生了根本性的变化，我国高速动车组采用计算机控制的电空复合制动，其中电制动为再生制动，空气制动为盘形摩擦制动，电制动优先，空气制动作为补充。同时还具有控制防滑、控制减速度、调节制动距离等功能。

电制动实际上是制动时将动车组高速运行的动能转化为电能，并送回电网再利用，所以也称再生制动。实施再生制动时，动车组就变成了一座小型"发电厂"，牵引电机也从"电动机"变成了"发电机"。因此，动车组的巨大动能又用来发电了，当然也就更加节能。

然而，空气制动仍然发挥着重要作用，当电制动能力不足时可以起补充作用。更重要的是一旦停电，空气制动将担负起动车组制动的全部责任。施加空气制动时，由制动控制单元产生的制动缸压力经制动夹钳和制动盘转换为作用在车轮上的制动力，使得动车组的动能转换成为制动盘与闸片间的摩擦热能并发散到空气当中。

高速动车组拥有强大的制动能力，以保证在紧急制动时能在规定的距离内停车。

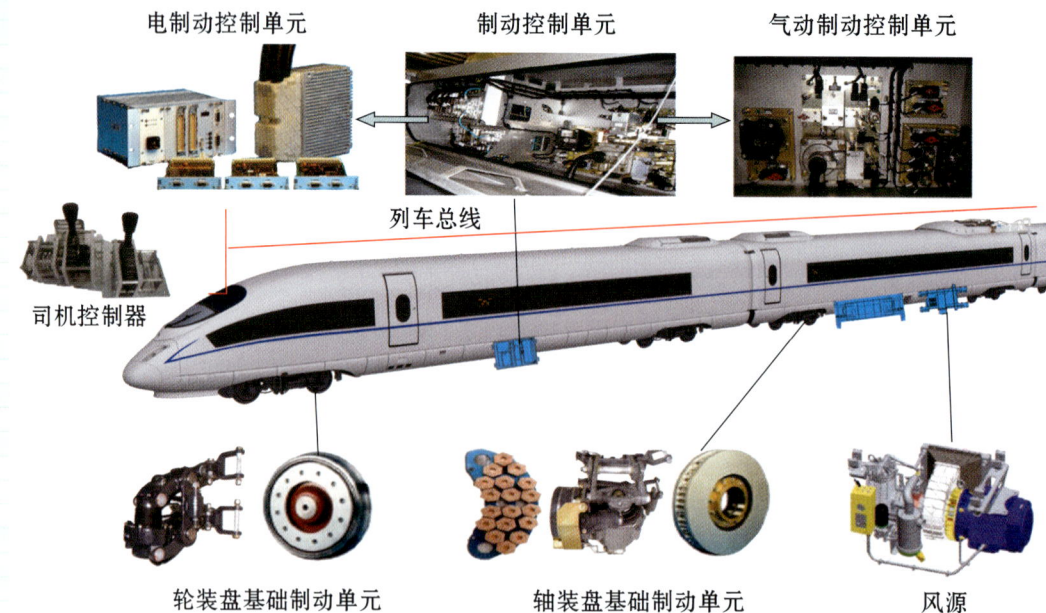

电制动控制单元　　　　制动控制单元　　　　气动制动控制单元

列车总线

司机控制器

轮装盘基础制动单元　　　轴装盘基础制动单元　　　风源

制动系统重要部件

硬线信号 → 电子制动控制装置 ← 车辆总线

总风管

空气制动控制装置 — EBV — 紧急制动回路

PBV

备用制动司机控制器

DV DV

车轮

制动盘

单元制动缸 制动盘

车轮

分配阀

警惕装置

DV DV

列车管

PVB：停放制动控制阀　　DV：防滑排风阀　　EBV：紧急制动电磁阀

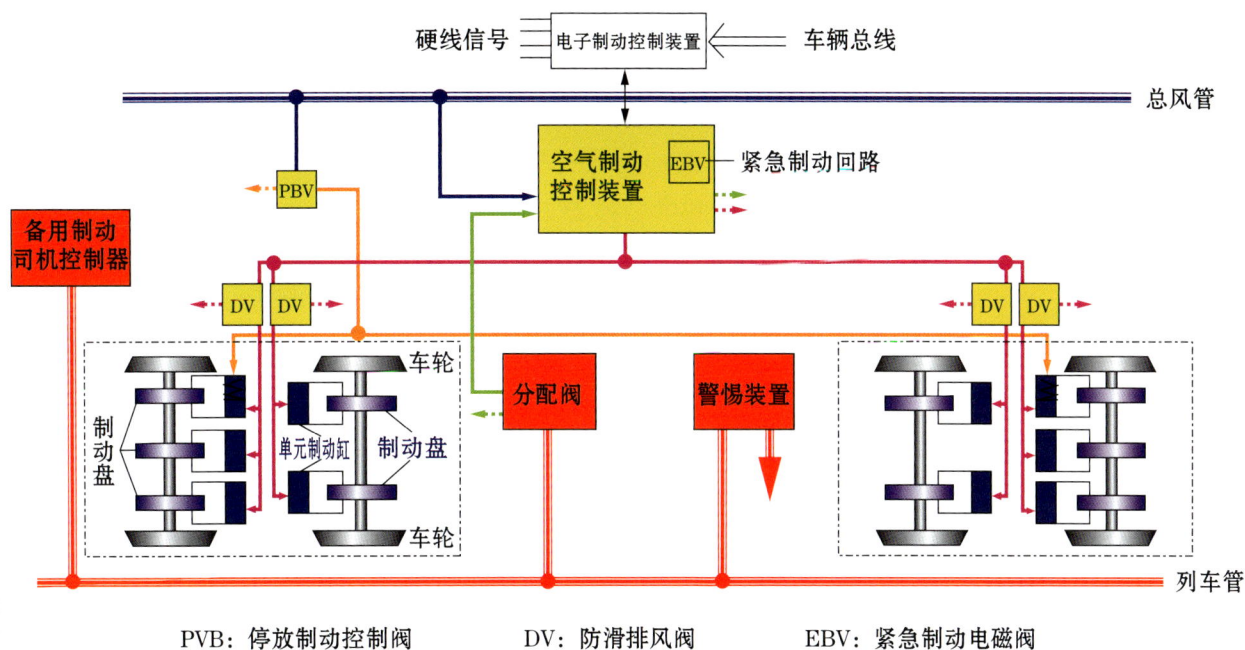

空气制动控制原理图

　　新型动车组研制后必须进行紧急制动试验验证，紧急制动反映了动车组的制动能力。紧急制动距离设计值主要基于轮轨间的黏着、空气制动热容量、制动防滑控制等。动车组紧急制动时具备在规定距离内停车的能力是动车组安全运行的重要前提。

　　乘坐高速列车的乘客不需要像飞机起降时那样系安全带，考虑保证乘客不摔倒，避免由于制动产生的不舒适感，动车组制动减速是有限值的。研究发现，当减速度的变化率不超过0.6米/秒^{3}时，乘客不会产生不舒适感；减

速度的变化率在0.6~0.75米/秒^{3}之间时，乘客基本可以接受；速度的变化率超过1.0米/秒^{3}时，站立的乘客就有摔倒的危险。为了保证良好的舒适度，我国和谐型动车组规定制动冲动的限值（减速度变化率）为0.75米/秒^3，因此，乘客不需要系安全带。

　　控制软件贯穿故障导向安全的理念，制动夹钳、制动盘、单元制动缸等基础制动部件必须可靠有安全余量。运行过程中，动车组有严密的制动系统监控措施，一旦出现故障具备自动（或提示司机）降速运行（或停车）的功能。

8 什么是列车网络控制系统?

列车网络控制系统如同高速动车组的"大脑和神经"。

列车网络控制系统负责对动车组牵引、制动、转向架、辅助供电、车门、空调等系统的控制、监视和诊断。

高速动车组每辆车上都配备有各种由计算机控制的设备。这些设备一方面要及时向高速动车组的控制中心报告工作状态，另一方面要接受控制中心下达的控制命令。这种双向信息的沟通是由列车控制网络完成的。它主要由列车总线和车辆总线等计算机网络设备组成，是协调牵引、制动、空调、车门、安全监控、信息显示等各车载设备工作的基础平台。

高速动车组两端的头车司机室都安装有列车运行状态信息集中显示器、控制和存储数据的控制中心，又叫做中央控制单元。运行时只有列车前进方向司机室的中央控制单元值班工作，而处于列车尾部司机室的中央控制单元工作在热备份状态。

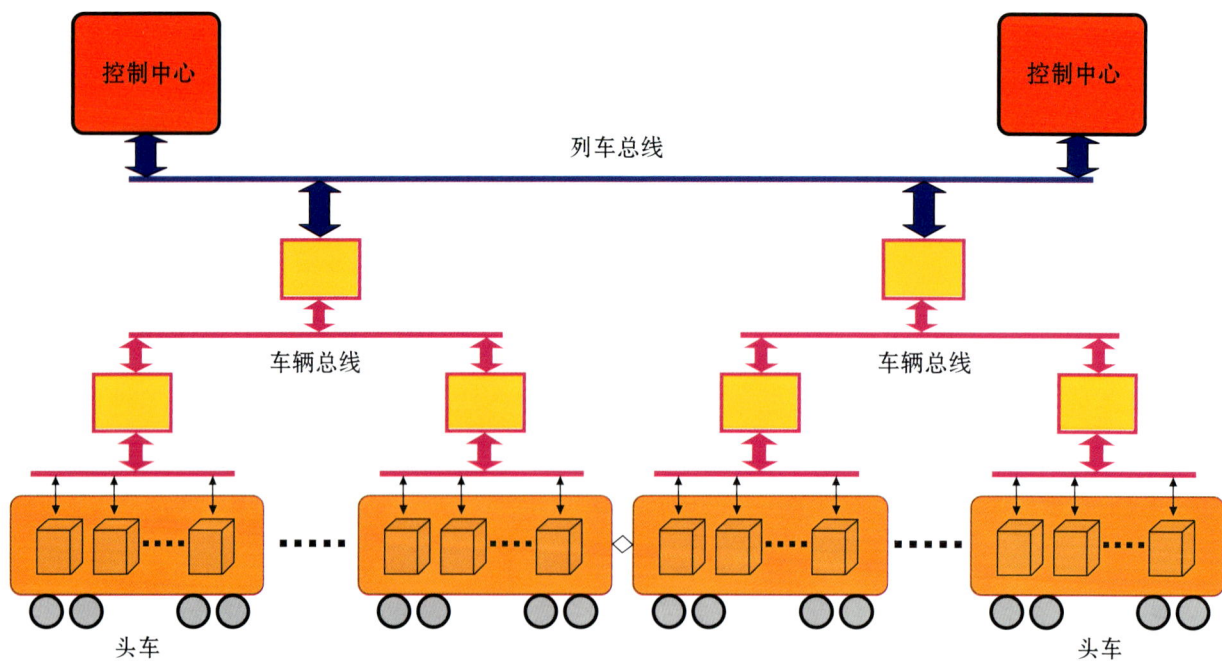

列车网络控制系统示意图

列车司机室

❾动车组车厢内的环境是怎样的？

我国高速动车组从旅客需求出发，本着以人为本的理念，通过车内装饰、座席布置、照明采光、空调采暖、减振降噪、信息服务等在车厢内为旅客提供温馨、宁静、和谐的旅行环境。主要有以下措施：

设有全自动恒温空调系统，确保车厢温度在恒定范围内，保证车内空气及时与外部空气交换。

车内均为电动门，开启、关闭时噪声低，旅客可以方便地通过车厢。

座椅全部为软座，大部分动车组座椅可以调节斜度，并能旋转掉头，使旅客面对的方向始终与列车运行方向保持一致。

配备有可以提供快餐食品和各种饮料的酒吧休闲区。

配备有电视和旅客信息系统。

卫生间内有感应式水龙头、温水供应。

照顾到旅客的特殊要求，动车组的地板与站台无缝对接，残疾人可以使用轮椅等辅助设备无障碍上下车。

车上有方便残疾人乘坐的车厢，有适于轮椅通过的宽大车门。

车内装饰的化工材料全部符合国内和国际环保规定的要求。

卫生间便器污物均集中收集和排放，不对沿线造成任何污染。

酒吧车

显示温度

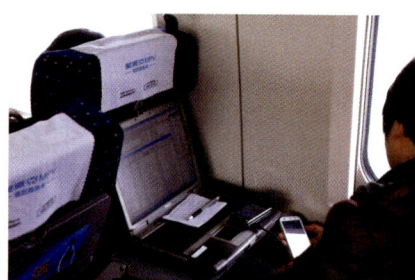
车上办公

商务座椅

残疾人座椅

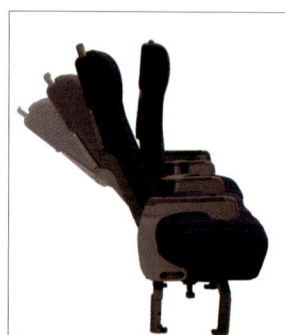
靠背调整

无障碍洗手间

⑩ 司机是如何驾驶高速动车组运行的?

中国高速铁路动车组司机资格有严格的管理制度,司机经过选拔、培训后持证上岗。

旅客上车后,司机负责关闭车门,确认发车信号后,起动动车组列车驶离车站,按照列车运行操控显示屏(提示卡)给出的指令运行。

操控显示屏显示列车的实际运行速度曲线和区间限制速度及各车站道岔的限制速度、列车运行时分曲线、运行线路的纵断面和信号机位置、提手柄及回手柄的地点、制动手柄使用和退回的地点、列车在各区间运行须注意的事项等。

高速列车通过列控系统及联锁系统自动实现列车运行功能。

司机按列控系统等人机显示的行车许可,将列车速度控制在速度监控曲线以下。

列车到达停车站前,先施行电制动(再生制动),使列车降速运行,列车时速降至几十公里后,则电制动能力随速度降低而不足,再自动切换为空气制动补充,直至列车停车。

司机驾驶高速动车组运行

能力强大的牵引供电
Sophisticated Power Supply System

高速铁路牵引供电系统负责将电能从国家电网安全可靠的输送到动车组上，为动车组高速运行持续提供强大的电能。主要由牵引变电所、接触网、数据采集与监视控制系统（SCADA）三大部分组成。

受电弓：
是电力牵引列车从接触网取得电能的电气设备。安装在动车车顶上。

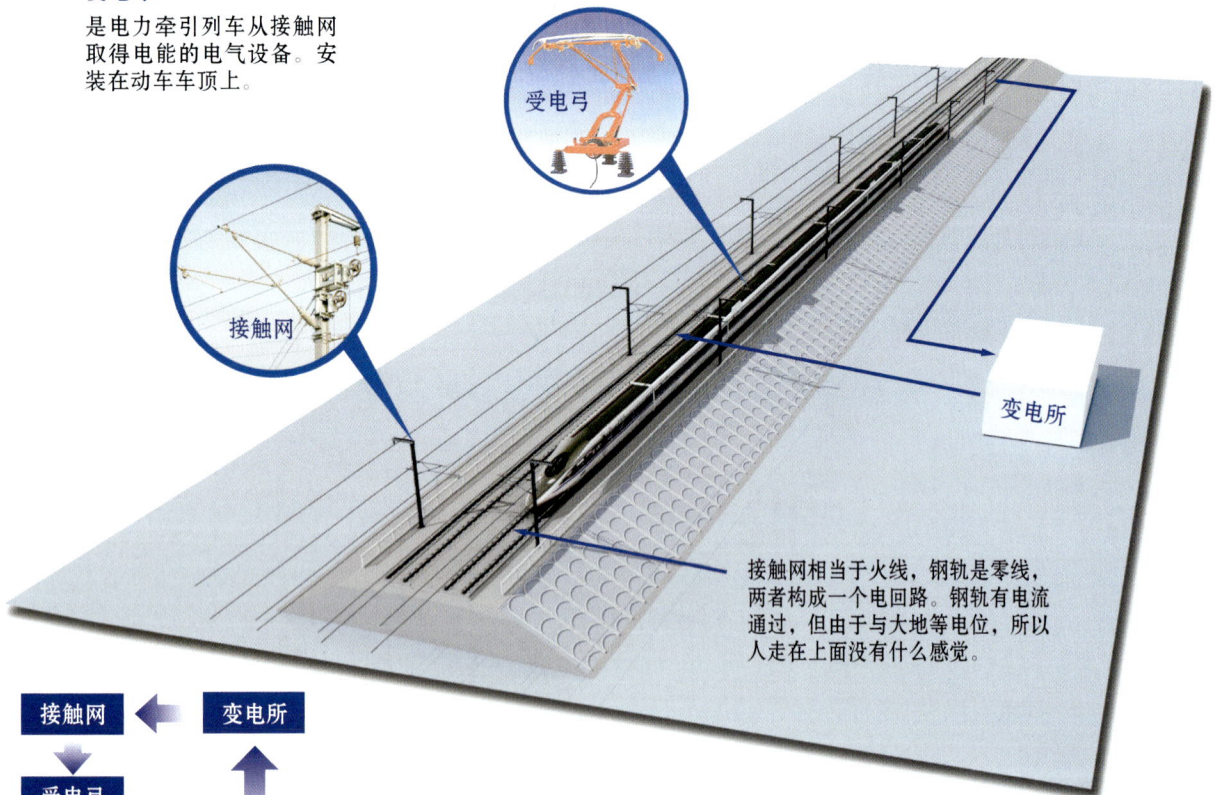

受电弓

接触网

变电所

接触网相当于火线，钢轨是零线，两者构成一个电回路。钢轨有电流通过，但由于与大地等电位，所以人走在上面没有什么感觉。

接触网 ← 变电所

受电弓 ↓ ↑

动车组 → 钢 轨

变电所将电连接到接触网上，再通过动车的受电弓，主断路器后引入动车主变压器，然后通过接地线连到车轮上，最后通过钢轨回流到变电所。

❶ 高速铁路电能从哪里来？

高速铁路动车组牵引功率大、列车追踪时间间隔短、发车频次高，因此也是名符其实的用电大户。

巨大的电能从何而来？

高速动车组所需电能来源于发电厂（火电厂、水电厂、核电站等），其发出的电能经输电线输送到铁路牵引供电系统的专用牵引变电所，经降压变压器转换为单相交流 25 千伏电压，通过接触网输送到高速动车组。

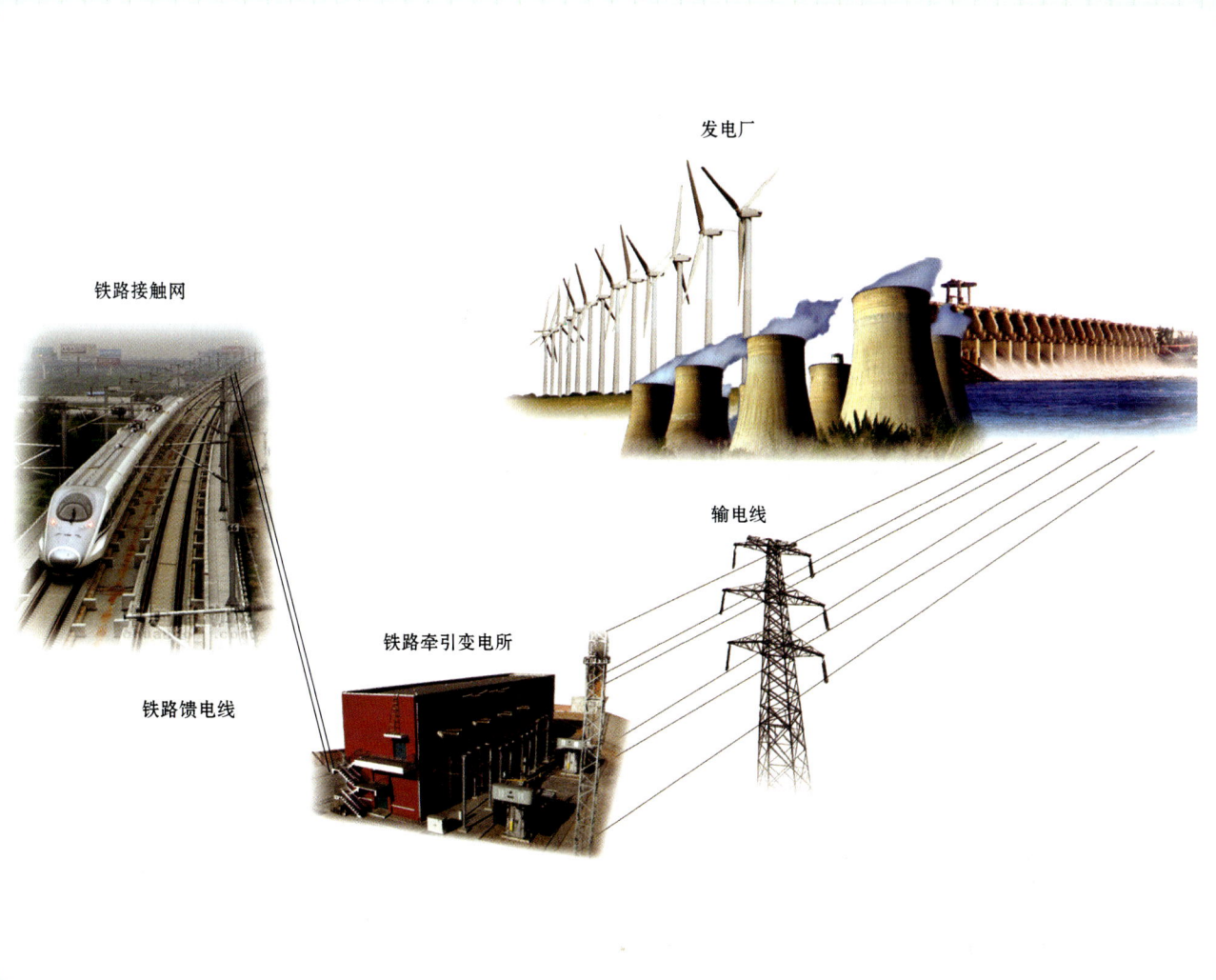

发电厂

铁路接触网

输电线

铁路牵引变电所

铁路馈电线

❷ 铁路牵引变电所如何保证可靠供电？

为保证牵引变电所可靠供电，从电网取得的两路可靠高压电源，一路运行，一路备用；牵引变电所内设两台相同容量的牵引变压器，一台运行，一台备用，其中任何一台出现故障，则自动切换到另一台；采用高可靠、少维护的气体绝缘开关设备（GIS）；当一座牵引变电所整体退出运行时，可由相邻牵引变电所替代它实现越区供电，牵引供电系统实际上是多重保险，确保高速动车组持续供电。

❸ 如何实现供电设施的远程监测及控制管理？

每个铁路局都设有调度所，在调度所内通过铁路供电数据采集与监视控制系统（SCADA）实现对铁路沿线各变配电所等供电设施的远程监测和控制管理，实时掌握设备运行状态，SCADA是保证高速铁路牵引供电系统安全、可靠、高效运行的重要装备。

少维护 GIS 开关设备

牵引供电调度所

220 千伏输电线

220 千伏备用回路

牵引变压器

牵引变电所电源侧

❹ 高速运行的动车组是如何可靠获得电能的?

一般固定的设备相对于供电线路是静止不动的。而高速铁路却恰恰相反,用电设备(高速动车组)相对于供电线路(接触网)是高速运动的。通过高速列车顶部设置的受电弓与接触网密贴接触,才能保证电能持续安全可靠的传递给高速动车组。

城市有轨电车的动力电一般为直流电,电压等级一般为 750 伏。而高速铁路的动力电为交流电,电压等级为 25 千伏。

高速动车组弓网受流

在高速运行状态下,如何保证高质量的滑动受流呢?提高接触线的张力是改善弓网受流质量的主要措施,高速铁路接触导线张力一般在 25 千牛以上(是普通铁路的两倍还多),即在接触导线两端施加大于 2.5 吨重量,以使接触导线更平直。我国高速铁路采用国产的高强度且高导电率的铜合金接触导线。

❺ 高速铁路接触网主要由哪些设备组成?

高速铁路接触网主要由支柱、支撑装置、接触导线、承力索、吊弦等组成。在动车组速度大于 250 公里/小时时,为保证动车组受电弓与接触导线始终保持密贴滑动接触,接触导线悬挂点高度的设计坡度为零,悬挂方式采用弹性链形悬挂,这样的结构使接触网的弹性不均匀度小,接触网与受电弓的接触更为平顺、光滑、密贴。接触网安装要求非常精细,每米接触导线展放后的平直度,只允许有 0.1 毫米的高差,像一根发丝那么细。接触导线的磨耗使用寿命达到 200 万弓架次,接触网系统寿命达到 30 年。

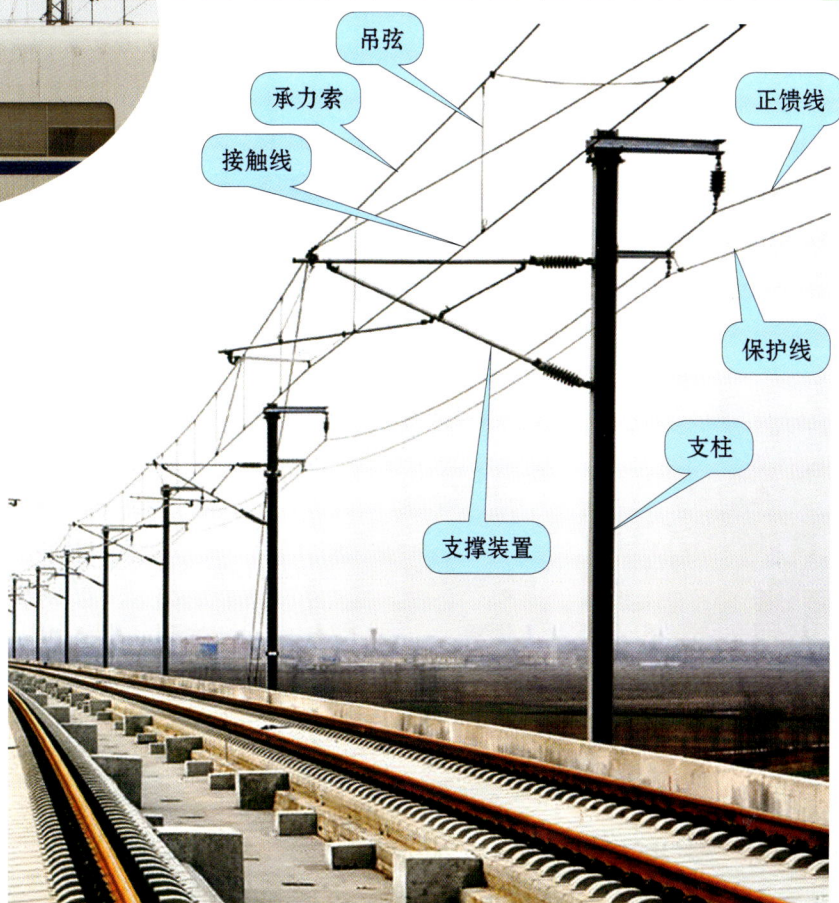

接触网结构图

先进可靠的列车运行控制
Advanced and Reliable Train Control System

① 高速列车运行控制系统是由哪些设备组成的？

列车运行控制系统（简称列控系统）是对列车运行实现自动监控的系统，是保障高速铁路运营安全、提高运营效率的核心技术装备，是高速铁路的中枢神经。

列控系统包括地面设备、车载设备、信号数据传输网络和车—地信息传输设备。

地面设备提供线路参数、目标距离和进路状态。

车载设备生成目标距离控制模式曲线，并通过驾驶室内的人机界面为司机提供目标速度、当前速度、最高允许速度、距前方停车点距离等信息，满足高速运行所需的控车要求。

信号数据传输网路实现地面设备间的数据信息交互。车—地信息传输设备完成地面设备和车载设备的信息交互。

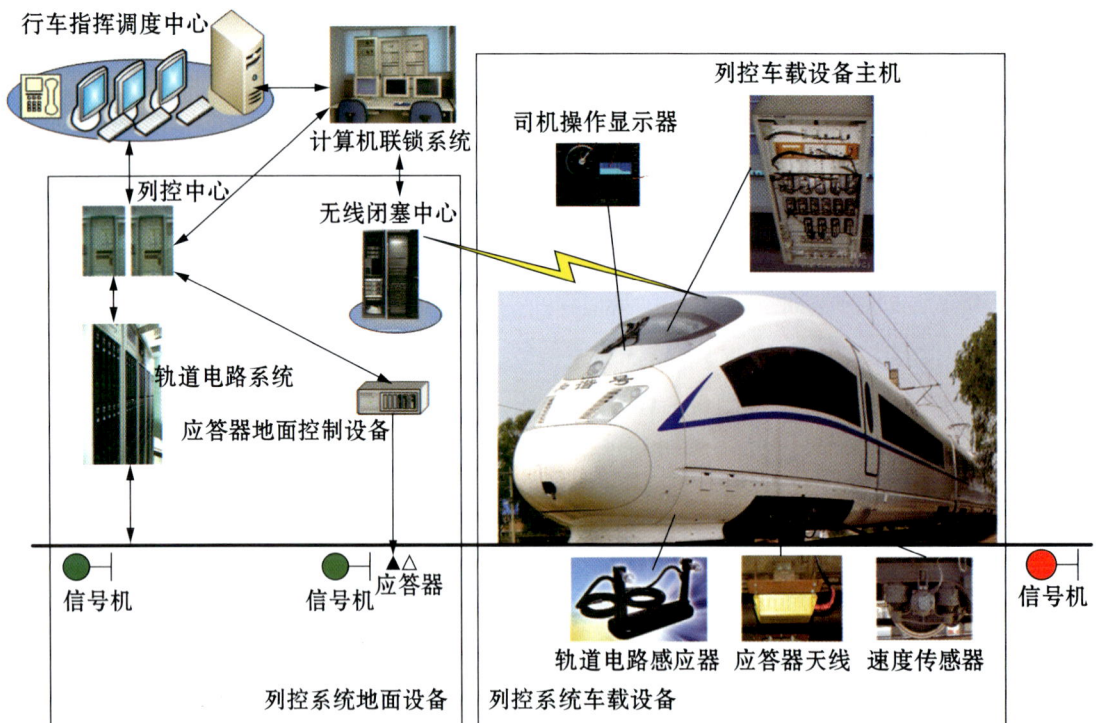

行车指挥调度中心

计算机联锁系统

列控中心

无线闭塞中心

司机操作显示器

列控车载设备主机

轨道电路系统

应答器地面控制设备

信号机　　　　信号机　　应答器

轨道电路感应器　应答器天线　速度传感器

信号机

列控系统地面设备　　列控系统车载设备

列车运行控制系统设备组成示意图

❷ 我国高速铁路列车运行控制系统有什么特点？

我国高速铁路与国外高速铁路相比显著的特点是网络化运营，而且网络规模大。基于国情，我国高速铁路列控系统设计按照全国一张网原则规划，大量采用高新技术，它具有传输信息量大、速度实时监控和设备制动优先、车载信号作为行车凭证（许可）、列控系统向下兼容等特点，是世界上最先进的高速铁路列车运行控制系统之一。

特点一：车载信号作为行车凭证（许可）

"红灯停、绿灯行"是传统意义的信号系统，司机以地面信号的显示作为行车凭证控制列车运行，但随着列车速度的提高，地面信号作为行车凭证已不能满足高速运行列车控制的需要。因为信号机正常情况下显示距离不小于 1000 米。在列车时速低时，制动距离短，司机可以保障列车运行安全；当列车速度达到 200 公里/小时及以上时，列车运行 1000 米时间仅需 18 秒甚至更少，导致司机辨认信号的时间大大缩短，在这种工作条件下，若依靠司机辨认地面信号机的显示来驾驶高速列车，一旦出现紧急情况，司机无法及时控制列车停车而危及行车安全。为保证列车提速后的行车安全，车载信号逐渐发展成为列车控制依据，以车载信号为行车依据已成为铁路信号现代化的主要标志。我国高速铁路列控系统就是用车载速度信号取代传统的色灯信号作为行车凭证，并通过安装在司机室的人机界面指导司机行车。

列控车载设备人机界面显示的内容主要有：目标距离、当前速度、允许速度、控车信息、控车模式等。

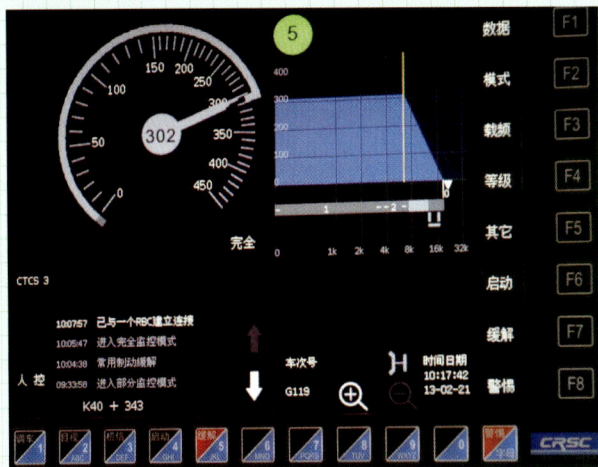

CTCS-3 级列控车载设备人机界面图

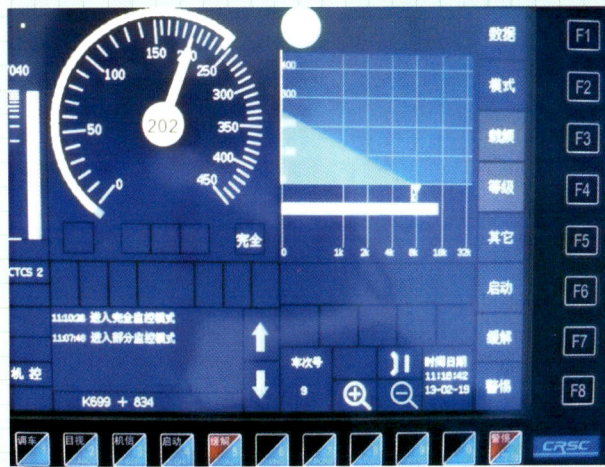

CTCS-2 级列控车载设备人机界面图

特点二：列控系统传递信息量大，传输实时性要求高

CTCS-3 级列控系统基于 GSM-R 实现大容量的连续双向车—地信息传输，地面设备可以为列车提供运行前方目标距离、线路允许速度等信息，满足高速运行所需的控车要求。地面信号设备可以将列车速度、位置、列车状态、行车许可、列车长度等有关运营管理信息显示给相关人员。

信息传递主要是通过无线通信 GSM-R 系统，另外，通过轨道电路和应答器还可为列车提供前方空闲闭塞分区数量、线路坡度、速度、列车定位等信息。

TSR：临时限速　　TSRS：临时限速服务器　　CTC：调度集中

列控系统信息流图

特点三：速度实时监控和设备制动优先

我国高速铁路列车运行控制系统具有智能化特点，其车载设备具备速度实时监控和设备制动控制功能，若列车超速，可根据超速情况分别自动采取报警、常用制动、紧急制动等措施控制列车速度。车载设备采用目标距离连续速度控制、设备制动优先的方式控制列车安全运行。

特点四：列控系统向下兼容

我国铁路列控系统以分级的原则来满足不同线路不同列车的运营要求，按照系统条件和功能，已投入运营的列控系统（CTCS）划分为4级（0、1、2、3），同条线路上可以实现多种应用级别，较高级别的设备可向下兼容，允许列车按较低级别运行。

我国高速铁路列控系统主要采用具有超速防护功能的 CTCS-2 级和 CTCS-3 级。CTCS-2 级是基于轨道电路和点式应答器由地向车单向传输控制车速信息，列控设备生成行车许可，监控列车运行，适用于速度 200 公里/小时提速改造的既有线和最高运行速度 200～250 公里/小时的新建高速铁路。CTCS-3 级是基于无线通信（GSM-R）系统双向传递信息并通过轨道电路实现列车占用线路检查的列控系统，适用于列车最高运行速度 250～350 公里/小时的高速铁路。CTCS-3 级兼容 CTCS-2 级功能。

❸ 怎样保证车—地信息可靠传输？

车—地信息可靠传输是调度系统和列控系统正常工作的重要保障。与指挥和控制列车有关的高速铁路调度通信和列车运行控制系统的车—地信息传输主要通过无线通信 GSM-R 系统、轨道电路和应答器来实现。

高速铁路调度通信包括有线调度（数字调度通信系统）和无线调度（GSM-R 系统）两部分。数字调度通信系统通过与 GSM-R 系统互连，实现有线无线调度一体化，系统的关键设备冗余配置，保证调度中心调度员与车站值班员、列车司机之间调度命令的畅通。

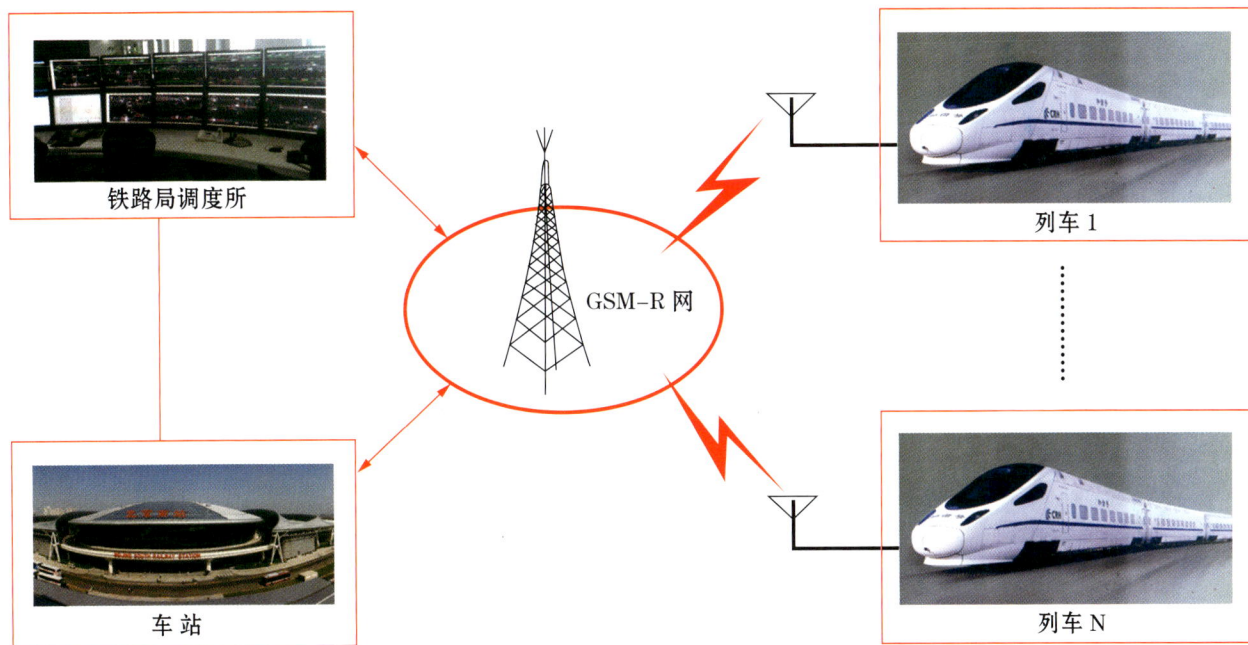

铁路局调度所

车 站

GSM-R 网

列车 1

列车 N

无线调度通信示意图

采用 CTCS-3 级列控系统的高速铁路区段，GSM-R 无线通信网络还承担着列车控制信息双向传输的任务。为了保证列控数据和调度命令的可靠传送，GSM-R 无线通信网络采用单网交织的冗余覆盖方案，当任何一座无线基站出现故障时，由相邻基站承担该基站区域的无线场强覆盖，从而保证车—地信息可靠传输。

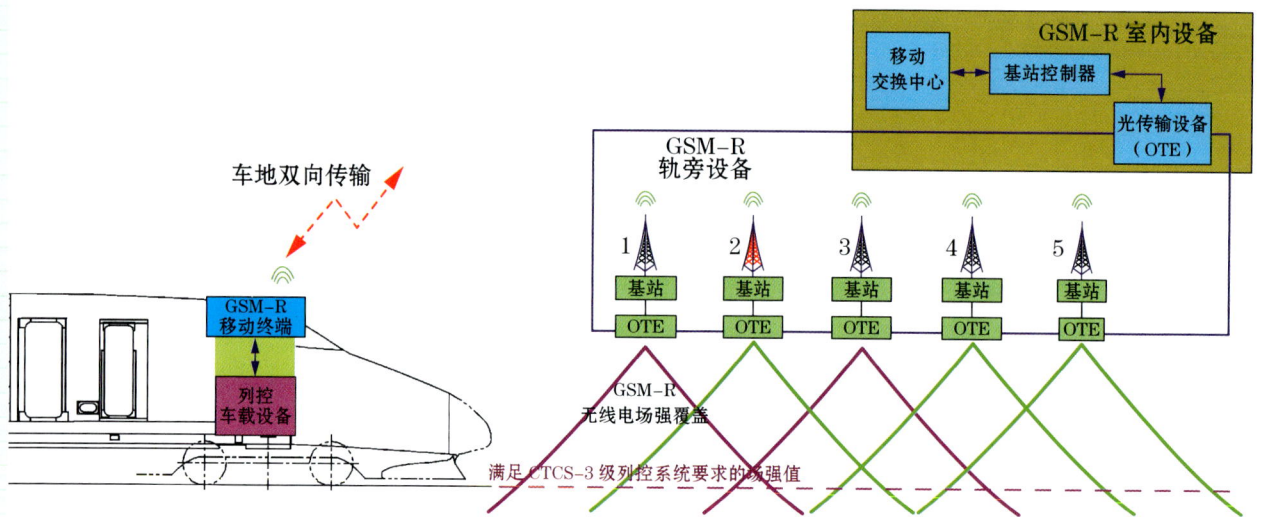

无线通信场强覆盖示意图

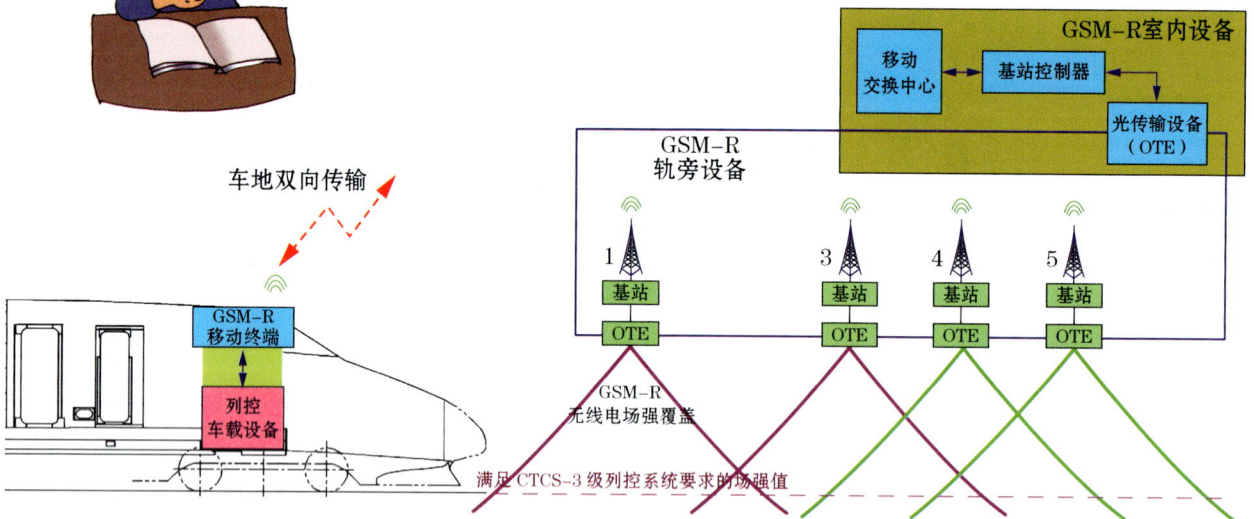

基站故障无线通信场强覆盖示意图

除了无线传输方式以外，车—地信息的传输设备还包括轨道电路和应答器。地面轨道电路实现列车占用检查和传递前方线路空闲状态信息，车载设备接收地面轨道电路的信息后可得知本车和前方列车的相对位置，如下图所示，后行列车相对前方列车有 8 个分区为空闲状态。

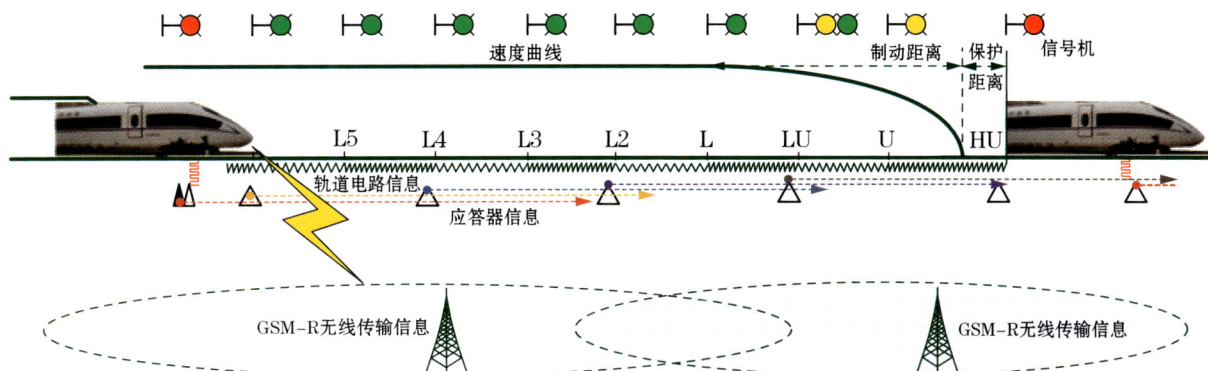

轨道电路、应答器及无线传输信息示意图

应答器主要传输地面线路信息，包括线路允许速度、线路坡度、桥梁、隧道、公里标、车站名及其他控车用的特殊信息。为保证信息的可靠传输，轨道电路、应答器和列控车载设备均采用冗余配置。

动车组应答器信息接收设备

地面应答器

④ 如何实现高速列车安全运行?

与驾驶汽车类似,如何控制列车的运行方向、运行速度和运行间隔,避免事故的发生呢?汽车是靠人来判断和控制,而高速列车是通过列控系统及联锁系统以技术手段自动实现这些功能。

列控系统车载设备对地面设备提供的控车信息进行分析处理后,自动生成一条从列车当前位置至目标停车处的列车速度监控曲线和相应的控车语音提示,并通过人机界面显示列车运行速度、允许速度、目标速度和目标距离等信息,指导司机行车。司机按人机界面显示的行车许可驾驶列车,并将列车运行速度控制在列车运行允许速度以下。同时,列车运行控制系统对列车实际运行速度、运行间隔等进行实时监控,自动判断高速列车是否按照速度监控曲线运行,如列车超速或出现异常情况,列控车载设备将自动采取制动措施,迫使高速运行中的列车减速或停车,以确保行车安全。

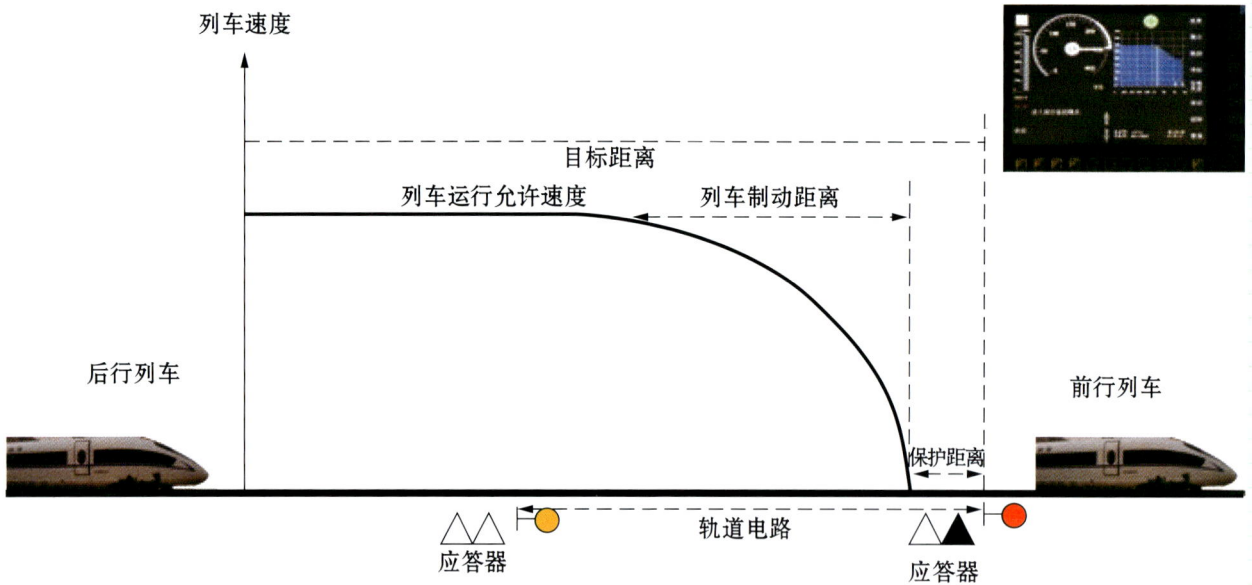

列车速度监控示意图

❺庞大的高速铁路网，如何实现集中指挥和管理？

　　我国高速铁路通过网络化管理，已经实现了远程调度集中指挥。新型调度集中系统综合了计算机、网络通信和现代控制技术，是一种高度自动化调度指挥系统和新型的行车指挥和信号控制设备。调度集中设备对管辖范围内的列车进行直接指挥和管理，具备远程或本地列车进路及调车进路控制、列车自动报点、运行图编制、运行图自动调整和临时限速设置等行车指挥功能，满足行车运营秩序、运行正点的要求。调度员从铁路局调度所下达行车指挥命令，经车站联锁系统、列控系统共同完成进路的设定，实现列车运行安全防护和集中指挥。同时，应用调度集中系统，指挥和协调线路、牵引供电、高速动车组、通信信号、旅客服务等各个专业部门严格执行运输计划；另一方面可以通过它不断地实时收集调度指挥所需要的各种信息，监视高速动车组列车运营情况，及时调整和修正运输计划。

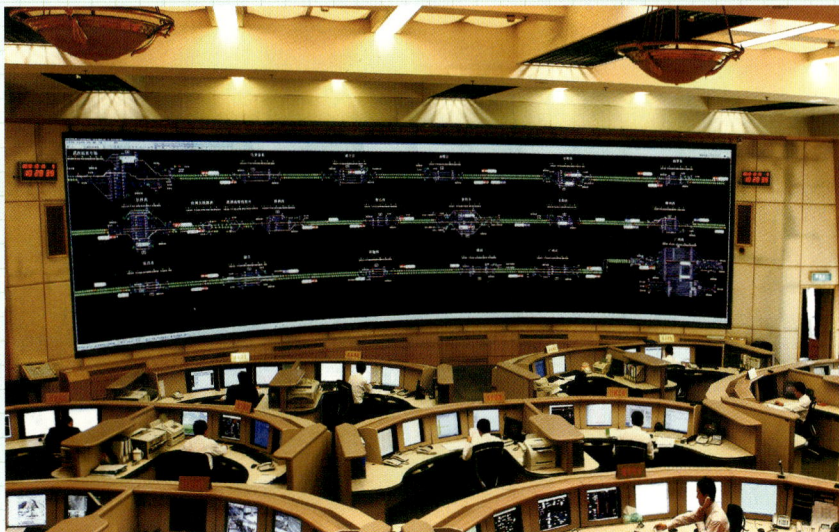

铁路调度指挥中心

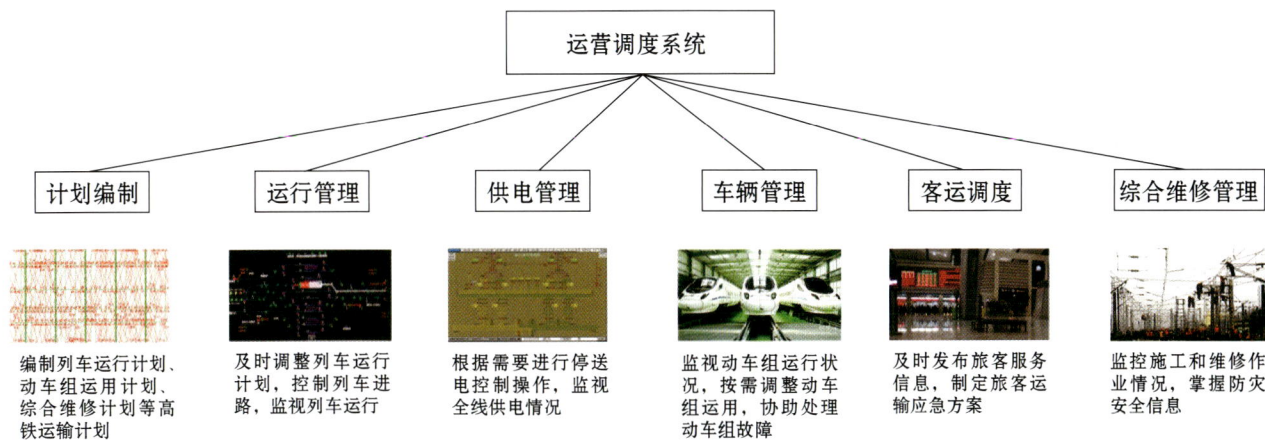

运营调度系统

计划编制	运行管理	供电管理	车辆管理	客运调度	综合维修管理
编制列车运行计划、动车组运用计划、综合维修计划等高铁运输计划	及时调整列车运行计划，控制列车进路，监视列车运行	根据需要进行停送电控制操作，监视全线供电情况	监视动车组运行状况，按需调整动车组运用，协助处理动车组故障	及时发布旅客服务信息，制定旅客运输应急方案	监控施工和维修作业情况，掌握防灾安全信息

运营调度集中系统功能示意图

高铁车站
HSR Station

　　在高速铁路车站建筑设计中融入最新设计理念，充分体现现代化站房的功能。车站设计保证乘客使用安全、方便，并具有良好的内部和外部环境条件，为乘客提供安全、舒适的乘车环境。对站房的内部功能、流线进行组织，保证流线便捷、顺畅，避免交叉干扰，提供适用、高效便利的旅客服务设施，充分体现"以人为本"的设计理念。在建筑造型设计上，设计者经过充分的调查研究，结合当地的历史文化、地域特征，设计出风格各异、赏心悦目的车站建筑；同时在设计和施工中满足绿色、节能、环保和可持续发展等要求，还配合城市发展规划布置站房相关设备，并为城市轨道交通规划预留换乘接口条件，使客流组织合理、方便快捷。

上海虹桥站全景

① 高铁车站的设计主要有哪些创新?

与传统铁路客站相比,新建的高铁车站注重室内外空间环境的缔造,高大、通透、开敞的空间特性,提升旅客出行的舒适度。大跨度空间结构技术的创新,使这一目标得以实现。

在高架候车厅、进站厅、站台及地下空间的设计中,更加注重和关心旅客的感受,多采用自然通风采光的方式,室内温度环境、声环境及光环境的研究及控制,提升了车站室内空间品质。

北京南站候车室

上海虹桥站剖切透视效果图

❷ 高铁车站建筑造型如何体现地域文化特性?

作为城市"门户"的高铁车站,在建筑造型上尽量将地域文化和现代文化融合在一起。下面以北京南站、南京南站、曲阜东站为例说明。

北京南站

北京南站位于北京市南二环和南三环之间,在设计理念上吸取和借鉴天坛的建筑元素,将天坛的顶层演化为中央屋盖,将天坛的二、三层分别演化为站房两侧跌落式的雨棚。北京南站对称的立面形态以及逐级跌落的屋面,古典庄严,又散发着时代的气息。结合站房整体平面布局及功能需求,在椭圆站房南北侧设置四座独立的实体办公建筑,其形象恰似两扇大门,面向城市敞开。

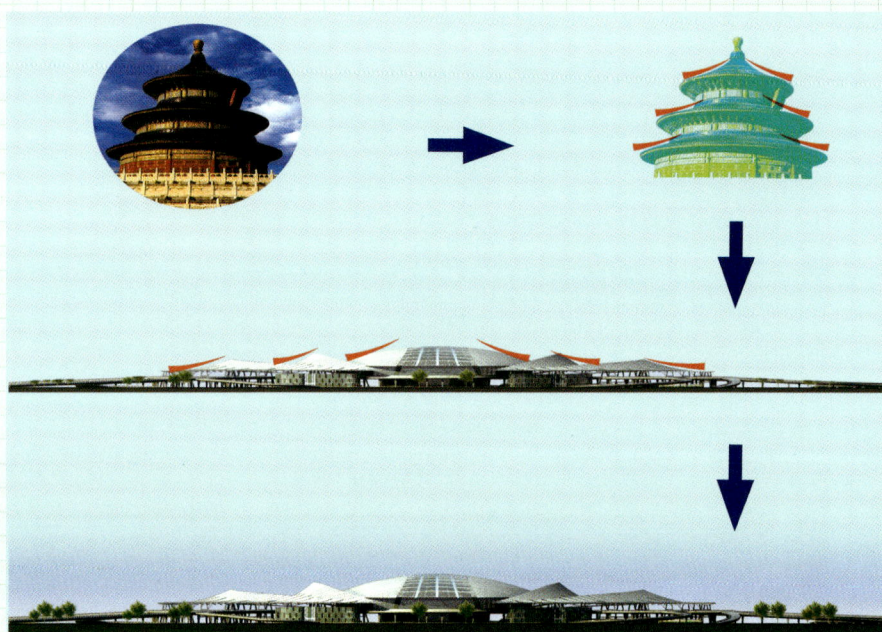

北京南站构思示意图

北京南站剖视图

南京南站

　　南京是六朝古都，有着丰富的历史积淀。在建设时紧紧抓住"古都新站"的特色主题，从南京的城市意向入手，力求在建筑的文化性上有所突破，突出南京作为历史文化名城的文脉传承意愿；吸取中国传统建筑的斗拱等木构特点以及南京城墙的肌理特征，创造出与南京历史文化名城的城市气质相契合的别具一格的建筑风格。

南京南站斗拱结构

南京南站剖视图

南京南站进站大厅

曲阜东站

曲阜东站是一个典型的具有浓厚文化底蕴的现代交通枢纽。其造型与曲阜儒学文化区整体建筑风格相协调，体现厚重的气势与内涵；气势恢宏的玻璃屋顶将天光引入室内，隐喻新儒学思想对中国文化的精神指引。建筑与城市文化背景有机融合，表达出天人合一的境界。

曲阜东站候车室孔子像

曲阜东站候车室夜间可发光的玻璃屋顶

曲阜东站广场"六艺"雕塑

❸ 新建高铁车站的结构特点有哪些？

——高大空间的屋盖结构

支撑屋面结构的柱子的间距往往较大，形成了大跨度屋面结构体系，使高架候车厅空间通透、明亮。

天津西站

——火车为什么能在房中跑？

高架车站一般为大型交通枢纽，覆盖整个车场。以京沪高铁的始发站北京南站为例，车站自下而上分为4部分，其中地下一层为通廊结构层；地上有站台层、高架层、屋盖。其中，高速列车行驶在通廊结构顶板上，俗称"在房中跑火车"。"桥建合一"的高架结构，能较好地满足建筑使用空间的要求，且车站整体刚度好，抗震性能高。

火车在房中跑

桥建合一

④ 高速铁路站台有什么特点？

站台是供旅客上车、下车的铁路设施。

高速铁路站台面与动车车厢地面基本平齐，方便乘客上下车。

普速铁路客车和货车混行，受货物列车外形尺寸控制，站台面较低，距离客车车厢地面0.8 ~ 1.0 米，不方便乘客上下车。

老站台

高铁站台

❺高铁车站是如何实现节能环保的？

新型客站广泛采用节能技术，其墙体、屋顶选用新型材料，照明充分利用自然光并采用高效节能灯及智能控制技术，采暖空调系统采用节能新技术，选用节能型设备，采用太阳能光伏发电技术，实行节能运行管理等措施，从而降低了能耗，节约了能源。

采用太阳能光伏发电技术的天津西站

高铁车站候车厅采用了低温水地板辐射采暖系统供热，使室内地表温度均匀，室温由下而上逐渐递减，给人有脚暖头凉的良好感觉，这种感觉与对流传热形成的头热脚凉的感觉相比，人体的舒适感受度好。

站房所处地理位置均在城市边缘，没有城市热网，使用锅炉对环境影响较大。为保证车站建筑的舒适环境，采用地埋管地源热泵技术提供中央空调冷热媒水。在夏季，地埋管将制冷机组排放的热量带走；在冬季，制冷机组通过地埋管吸收地层的热量，利用土壤作为换热介质充分达到节能、环保的目标。

上海虹桥站屋顶太阳能

节约能源和保护环境

Energy Conservation and Environmental Protection

我国人口稠密，土地资源紧缺，区域经济发展不平衡，许多地方生态环境十分脆弱。建设高速铁路必须格外注意节约能源和保护环境。高速铁路的勘察、设计、施工、运营的每个阶段都要做好节约土地、水土保持、保护生态、节约能源、减振降噪等环境保护工作，努力建设环境友好型、资源节约型的绿色高速铁路。

❶ 高速铁路是如何做到节约土地资源的？

优化路桥比例：工程设计中尽可能采用桥梁，以达到少占用土地的目的。如以 8 米填高为例，每公里路基（包括护道、排水沟及防护栅栏等）的占地超过 77 亩，而每公里桥梁的占地仅 27 亩，每公里采用桥梁将比采用路基节约土地三分之二。

京沪高速铁路桥梁长度占线路总长 81.5%，哈大客运专线桥梁长度占线路总长 72%，京津城际铁路桥梁长度占线路总长 87%。线路设计中提高桥梁比例，节约了大量的土地资源。

以桥代路

设置桥式站房： 如天津南站、无锡东站、苏州站等采用了桥式站房，将站房及相关设备用房放在桥下，既减少了线下工程占地，又省去了站房及设备用房占地，使有限的土地资源得到了充分利用。

天津南站

无锡东站

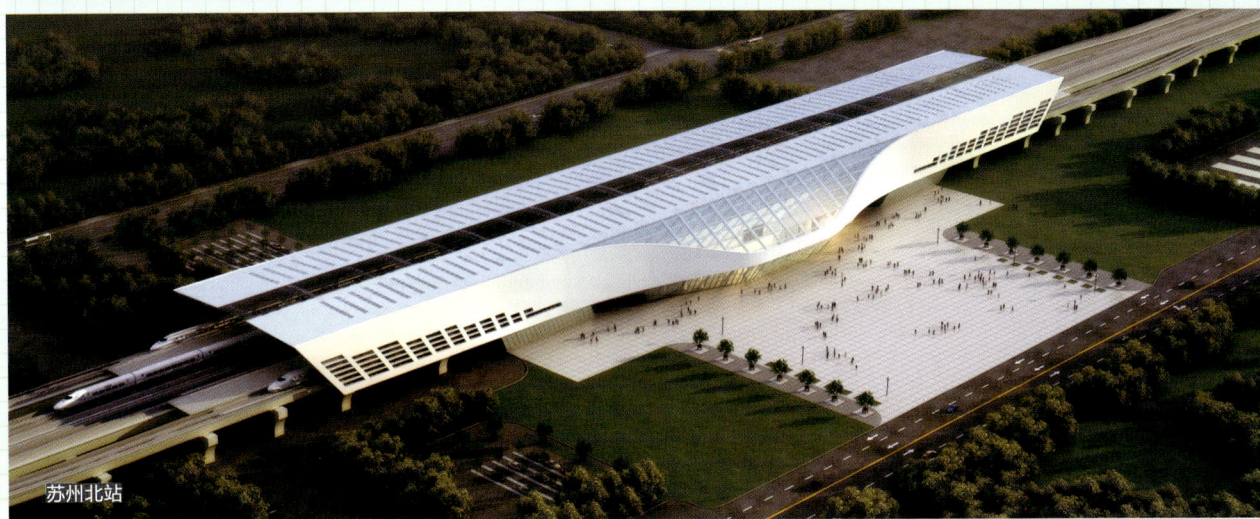

苏州北站

② 高速铁路建设是怎样保护生态环境的？

在高速铁路线路走向确定前，认真调查铁路经过地区的自然保护区、风景名胜区、水源保护区、森林公园、地质公园等生态敏感区的分布，使铁路线路尽可能绕避上述生态敏感区，以超前的环保选线设计理念保护生态环境。

例如，京沪高铁设计阶段，采用绕避明皇陵的选线方案，避免了明皇陵受施工干扰。

又如，哈（哈尔滨）齐（齐齐哈尔）客运专线与既有滨洲铁路并行以桥梁形式通过扎龙自然保护区的实验区，对保护区整体生态系统分割最小，线路最短，占地最少，对保护区湿地环境影响最小。

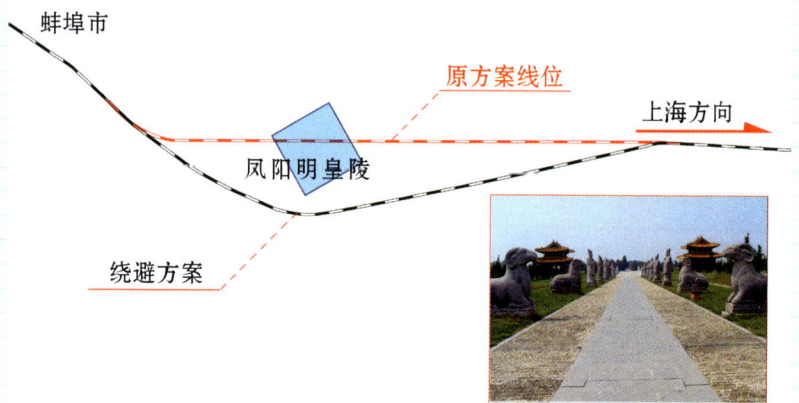

蚌埠市

凤阳明皇陵

原方案线位

上海方向

绕避方案

京沪高铁绕避凤阳明皇陵

哈齐客专通过扎龙保护区

　　施工建设阶段认真落实环保设计措施，并创造性采用一些新的技术或措施，以有效保护环境。如，为确保以味美绝伦的大闸蟹名扬海内外的阳澄湖"零污染"，京沪高铁建设阶段，采用"双排筑坝围堰"施工。就是在需要水中作业的阳澄湖湖区，每隔一段距离先在湖底打两排木桩，然后用竹排、土方把施工地围成一个个"口"字形、"U"字形，再慢慢把这一小块区域里的水抽干，用湖底泥土修筑便道后，就可以像陆地施工一样简单了。在高架桥的桩基、承台、桥墩全部建好后，原先的围堰拆除掉，恢复相关水域，然后再去下一个施工点继续筑坝、围堰，一步一挪，确保阳澄湖这颗明珠清澈依然。

阳澄湖高铁施工中

阳澄湖高铁施工后

❸ 高速铁路如何体现绿色防护？

高速铁路防护工程修建过程中，贯彻绿色环保理念，将防护工程与绿化环保结合起来。如路基防护工程以植物种植为主，内乔（木）外灌（木），打造绿色通道，使沿线绿化与当地自然人文环境协调，美化环境。乘客视野相对开阔、悦目怡人。

路堤边坡绿色防护

绿化防护带全景

❹ 高速铁路采取了哪些水土保持措施？

高速铁路修建过程中，取土场所、存放隧道废碴的弃土场所、桥梁制造场以及铁路路基边坡等如不加以防护，被工程施工扰动后的松散土在风吹及雨淋下会流失掉。采取路基边坡植物防护、临时占地表土剥离、场地排水引流、施工结束后土地整理、覆土复耕复植等水土保持措施，不但可以将这些松散的土固定住，而且给高铁沿线带来别样的风景。

制梁场水土保持

边坡水土保持

桥下水土保持

❺ 高速铁路是如何做到节约能源的？

　　高速铁路与航空、高速公路相比，是较为节能的交通方式。有关资料统计，完成相同的运输工作量，公路和航空消耗的能量分别是高铁的数倍至数十倍。

　　为降低高铁的能耗，采取了很多节能措施：

　　（1）动车组消耗的能量为电能，作为高铁系统的"大力士"，干活最多——运送旅客全靠它，吃的也多——用电最多，为了让它尽量少吃，动车组采用了"再生制动"技术，利用制动回收电能。

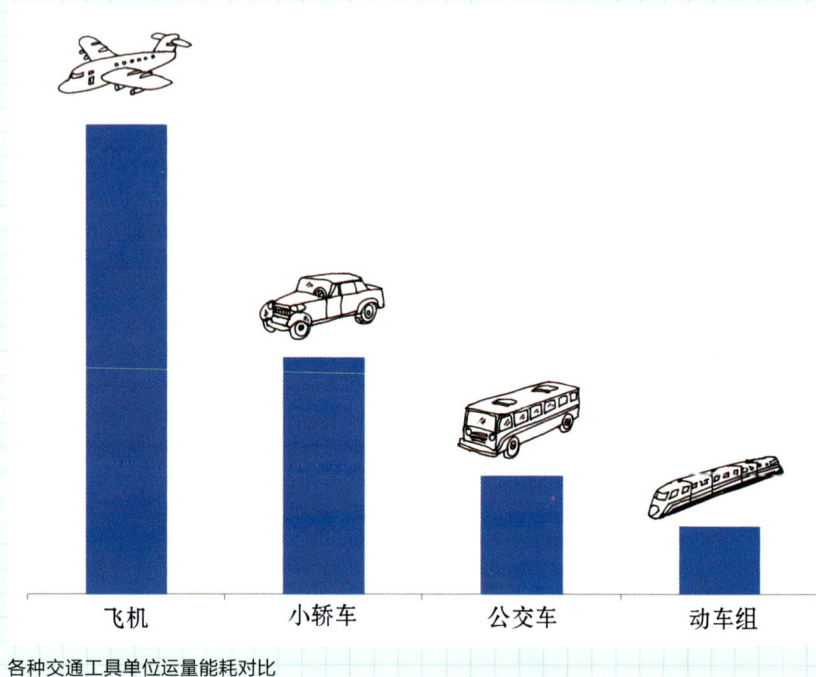

| 飞机 | 小轿车 | 公交车 | 动车组 |

各种交通工具单位运量能耗对比

　　（2）"流线型"车头有效降低高速运行风阻力，也减少了电量消耗。

流线型车头

（3）线路条件为动车组提供节能保障——选择较大的曲线半径、较小的坡度、较短的路由，即路直、坡缓，动车组在这样的路上跑起来自然省力。

（4）减轻车体重量。通过使用新型材料和交—直—交等技术，使车体重量减轻，从而节省牵引能耗。

平直的线路

❻ 高速铁路是如何做到减振降噪的？

为减少振动、噪声对人们的影响，高速铁路相应区段外侧设置"一堵墙"，声音在遇到这堵墙时，一部分被它吸收掉，另一部分被挡在了发声点一侧，这样就减轻了受铁路噪声影响的人群和建筑物处的噪声，这堵墙就是声屏障。

高速铁路声屏障采用内含吸声材料、纤维混凝土板、空气层的复合吸声板，具有更好的吸隔声性能。

高速铁路很多声屏障采用了自下而上颜色渐浅的灰色色调，与高铁沿线的建筑风格及人文环境更加协调；车窗高度以上采用通透材料，挡住声音的同时不遮挡车内乘客的视线。

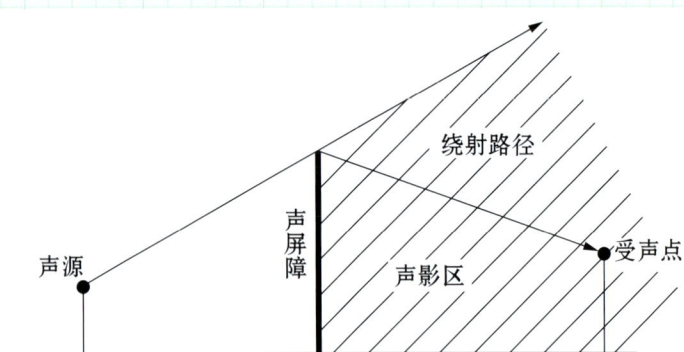

声屏障的降噪原理

铝镁合金材质声屏障板

吸隔声性能更优的声屏障复合吸声板

高速铁路声屏障

高速铁路路基、桥梁采用了比普通铁路更加稳定的结构形式；高速铁路的轨道采取无缝线路，系统更加平顺；动车重量较普通车轻、性能更优。

这些因素的共同作用，大大降低了高速铁路的振动和噪声。

更加稳定、平顺的轨道系统

❼列车上为什么使用密闭式集便装置？

以前，很多列车采用非密闭式集便装置，卫生间内的污物直接排向车外，很不卫生，也不环保。在列车进出站和经过大桥时，为了清洁卫生，不得不暂时关闭卫生间，给乘客带来不便。

高速列车都采用密闭式集便装置，卫生间污物收集后到车站卸污地点集中收集处理，这样既方便了乘客又保护了铁路沿线的环境。

在卸污地点卸掉集便装置内的污物

高速列车为什么能安全、正点运行

Why High Speed Railway Can Run Safely and Punctually?

综述

高速铁路是怎样保证安全、正点运行的呢？

这个问题从高速铁路标准制定和设计开始就充分考虑，高速铁路设计贯穿故障导向安全、冗余备份、高可靠性等思想。例如线路、桥梁、隧道具有足够的安全余量，牵引供电主要设备冗余配置，列车运行控制系统保留备用系统，设有自然灾害及异物侵限监测系统。

以高铁工程建设管理的质量为核心，全力保证工程质量。高速铁路工程竣工后，须按规定进行工程验收，达到设计要求和质量标准才能通过验收和开通运营。同时，还要通过联调联试和运行试验对高速铁路进行整体功能优化和检验。工程质量是保证高速铁路安全、正点运营的基础。

高速铁路具有健全的安全保障体系，采用先进的技术手段和严格的管理制度，对高速铁路基础设施和动车组进行检测和养护维修，及时处置

伤损设施和故障设备，每天开行确认列车，人员经培训后上岗，实行严格的岗位责任制，确保高速铁路所有系统始终保持良好的工作状态。

高速铁路采取全线封闭、立交化等技术手段和隔离措施。通过自然灾害及异物侵限监测系统监测大风、雷雨、冰雪等灾害天气，以及高速铁路限界内各种异常情况对高速列车运行的影响，及时启动灾害天气高速列车运行预案，如限速运

行、停运等，确保高速铁路安全。建立治安防范体系，严防人为破坏。

高速铁路调度指挥采用调度集中系统（CTC），在应对设备故障、灾害天气、线路障碍、非正常行车等方面制定了相应的处置预案，可以在保证安全的前提下，及时恢复行车秩序，尽快使列车正点运行。

联调联试及运行试验
Integration Testing & Commissioning, Running Test

1 如何把好高速铁路工程质量关？

高速铁路建设是一项超大规模系统工程，为保证高速列车安全、高速、平稳运行，高速铁路工程竣工后，要进行严格的试验检测，把好质量关。就好比一艘新建的航空母舰，需要反复出港海试，层层把关，达到使用要求后方可列装，正式服役。

由于高速铁路各系统之间关联性强，相互影响、相互制约，与传统铁路不同，高速铁路要取得最佳的整体效果，除了质量控制外，还得反复调试。联调联试已成为高速铁路建设中不可缺少的重要环节。

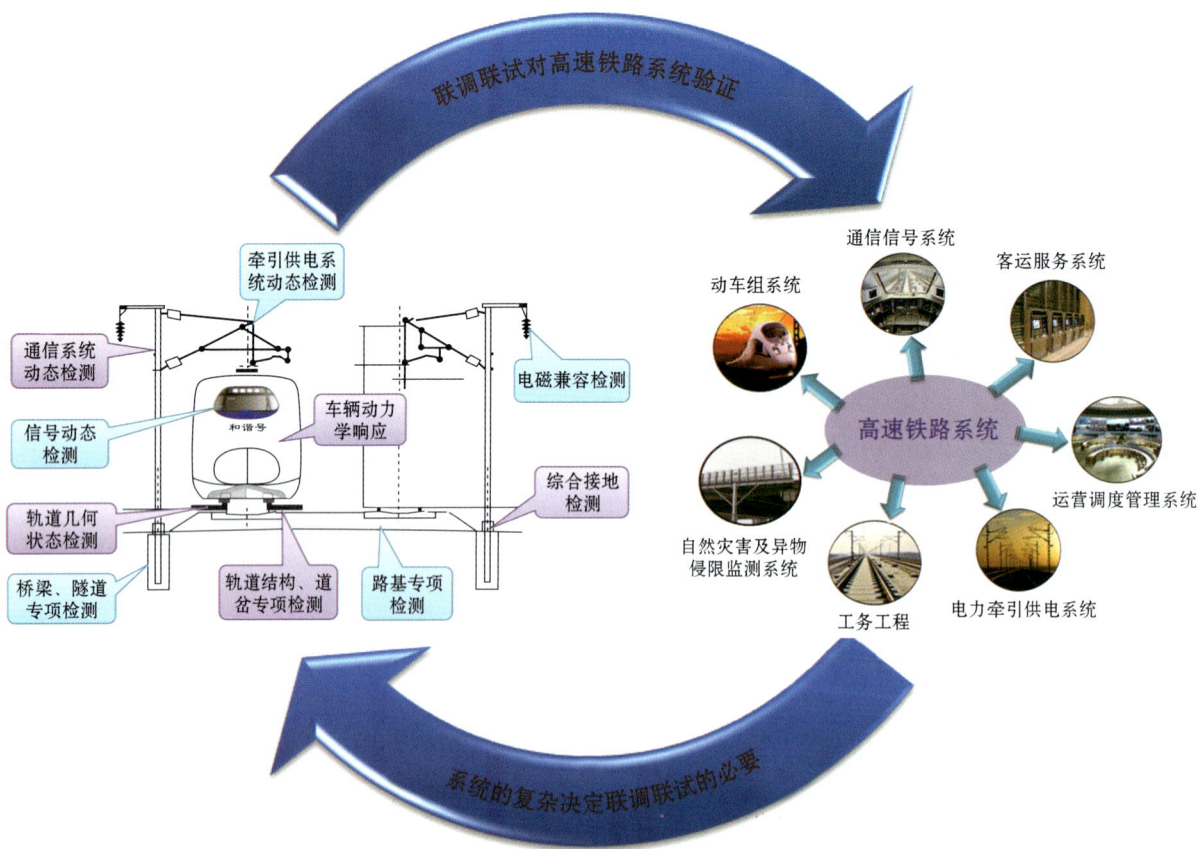

联调联试对高速铁路系统验证

通信系统动态检测
信号动态检测
轨道几何状态检测
桥梁、隧道专项检测

牵引供电系统动态检测
电磁兼容检测
车辆动力学响应
综合接地检测
轨道结构、道岔专项检测
路基专项检测

通信信号系统
动车组系统
客运服务系统
高速铁路系统
运营调度管理系统
自然灾害及异物侵限监测系统
工务工程
电力牵引供电系统

系统的复杂决定联调联试的必要

❷ 什么是联调联试？

联调联试是高速铁路开通运营前的技术准备。

高速铁路由多个系统组成，包括供变电、接触网、动车组、通信、信号、路基、桥梁、轨道、客运服务等子系统。联调联试就是采用高速综合检测列车和相关检测设备，在线路上以不同速度等级进行往返运行，对各系统状态和系统间匹配关系进行反复检测、调试、验证，使各子系统的功能和结构完整、合理，使高速铁路整体系统功能达到最优。

联调联试是对高速铁路的线路工程、高速动车组、牵引供电、通信信号、防灾监控、运营调度以及客运服务等各系统进行综合测试。这就像锻炼一支优秀的排球队一样，不仅要保证"每个运动员"具有良好的体能、技术特性，还要保证"团队"间具有良好配合能力，从而满足高速列车安全、高速、平稳运行的要求。

弓网受流性能测试

信号系统测试

接触网试验

声屏障降噪效果测试

车内噪声测试

电磁辐射测试

旅客引导信息系统测试

检票闸机测试

❸ 为什么要进行运行试验？

联调联试结束以后，还需要专门一段时间按试验或实际运行图组织列车运行，对整体系统在正常和非正常运行条件下的行车组织、客运服务以及应急救援等进行演练，验证是否具备开通运营条件，这就是运行试验。

在运行试验阶段开行不搭载旅客的高速列车，除进行上述演练外，还使运营管理人员进一步熟悉规章和设备的使用，提高正式开通运营时的工作效率。

运行试验其实就是高速铁路正式运营前的"实战演习"。

基础设施检测维护
Infrastructure Inspection and Maintenance

① 如何进行高速铁路基础设施检测？

　　高速铁路的线路、接触网、通信、信号等基础设施工作时间长了，也会像人一样"生病"，从而影响其正常工作。因此，就像给人做"体检"一样，需要专业技术人员使用专用设备定期或不定期对这些基础设施进行检测，做到早诊断、及时维护，以确保高速铁路的安全运营和旅客的安全。

　　高速铁路主要采用高速综合检测列车和特制的专业检查车对基础设施检测，它们是基础设施的"体检医生"。

　　高速综合检测列车和专业检查车上安装了各种检测设备和仪器，就像医院里为人体做检查用的 CT 仪、心电图仪等医疗设备一样，只要在高速铁路上跑一跑，便能测出轨道、接触网、通信信号设备等基础设施的工作状态。

　　综合检测列车及专业检查车检测得到高速铁路基础设施"健康"状态数据，也就是"体检结果"，被全部传送到铁路基础设施检测数据分析

0 号高速综合检测列车

处理中心，经过专业人员的处理和分析，可以及时发现基础设施的"病灶"，并通过铁路专用网络向各有关业务部门和专业技术部门提出"治疗建议"，并及时跟踪各类病害的整治和处理情况。

铁路基础设施检测数据分析处理中心为每条高速铁路建立了"体检档案"，为制定线路养护维修计划和开展高速铁路轮轨关系、弓网关系等基础性研究提供科学数据。

钢轨探伤车

数据采集　　　　　　　数据传输、管理、分析、　　　　　　信息应用
　　　　　　　　　　　　决策应用和展现

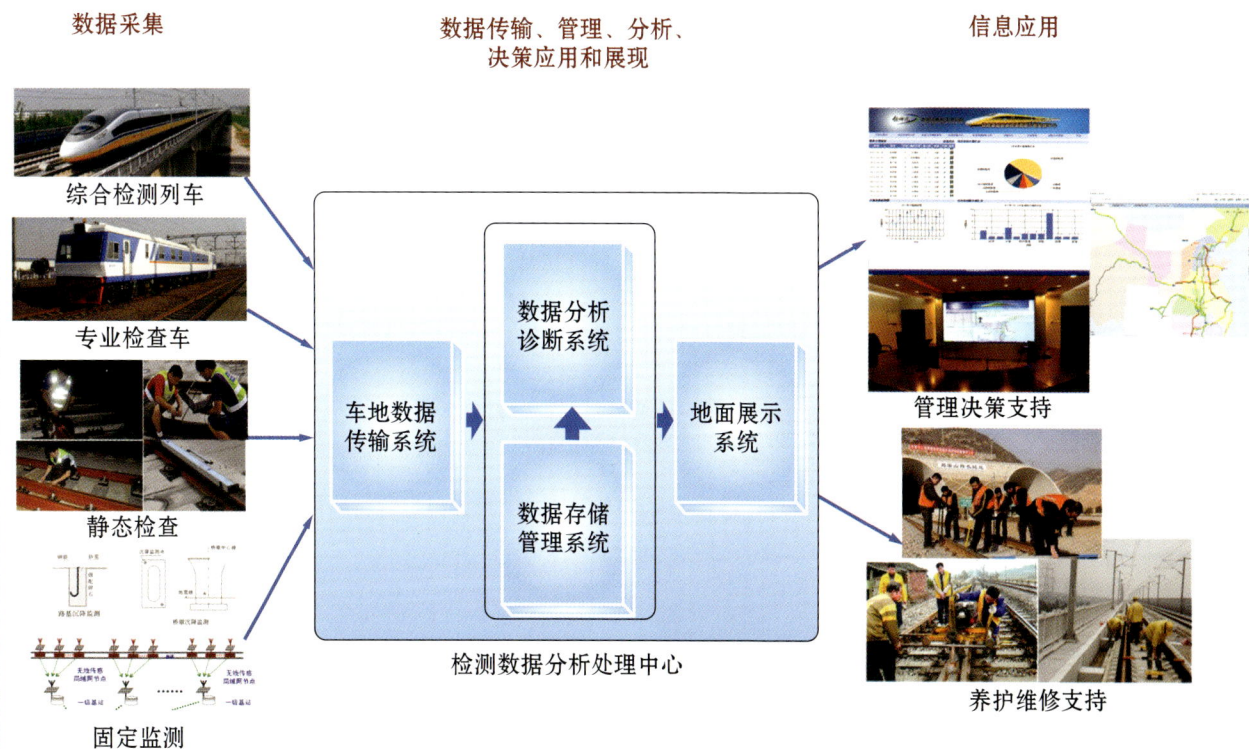

综合检测列车

专业检查车

静态检查

固定监测

车地数据传输系统

数据分析诊断系统

数据存储管理系统

地面展示系统

检测数据分析处理中心

管理决策支持

养护维修支持

❷ 高速铁路基础设施检测有哪些项目？

轨道检测

　　对高速铁路轨道的检测，一是通过安装在检测车上的轨道几何检测设备、巡检设备和钢轨探伤车等，动态检查轨道是否平顺、表面有无异常，以及钢轨有无伤损裂纹等。二是利用夜间"天窗"采用轨道几何状态测量设备（主要包括相对基准测量的轨道检查仪和绝对基准测量的轨道测量仪两类）对线路设备进行静态周期性检查。

钢轨探伤轮

　　轨道动态检测结果通过铁路基础设施检测数据分析处理中心发布到养护维修部门，而养护维修部门利用轨道检查仪或轨道测量仪对动态检测结果进行复核，并用于指导轨道几何状态的调整和复验。

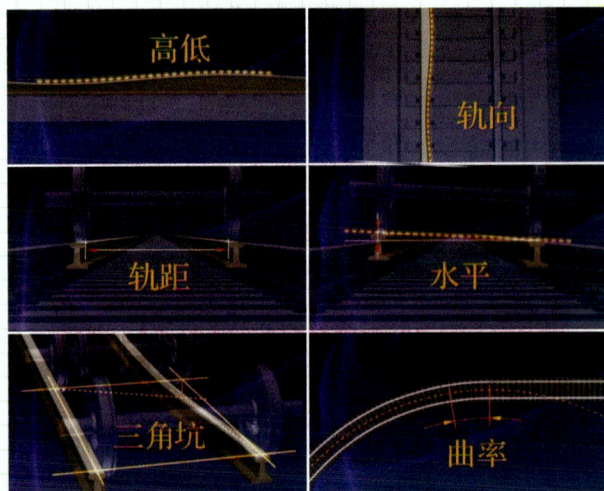

轨道几何状态检测项目

　　钢轨探伤采用超声波对钢轨内部进行"透视"，类似于医院里的 B 超透视。超声波传感器安装在特制的轮子内部，通过轮子在钢轨上的滚动就可以"透视"出钢轨内部的各种裂纹。

接触网检测

　　通过安装在检测车顶部或受电弓内的接触网检测传感器，测量接触导线距离轨道的高度、相对轨道的左右位置以及输电电压。只有接触导线与轨道的相对位置保持在规定的范围内，才能够保证接触导线与受电弓"亲密接触"，为高速动车组提供持续、稳定的供电。这就如同人体内流动的血液必须稳定保持血流和血压在一定范围内一样，只有向高速动车组提供持续、稳定的电流，才能保证其"健康"运行。

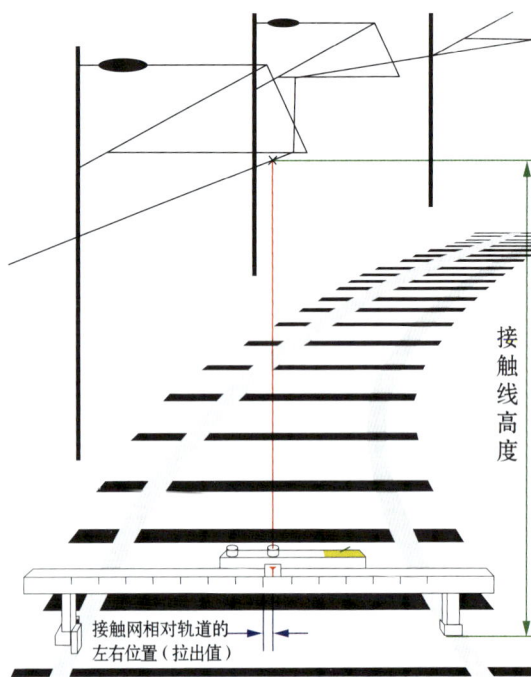

接触网检测项目

信号检测

铁路信号系统是指挥控制列车运行、传递行车信息的标志，好比马路上的红绿灯。对铁路信号系统的检测是通过安装在检测车上的检测天线，采集检测对象的信号信息，然后由计算机进行分析，判断铁路信号系统设备是否正常。

通信检测

无线通信系统是列车控制信息传送的"必经之路"。

通信检测是通过安装在检测车车顶部的天线采集无线信号，经过计算机处理，通过分析来判断基站发射无线信号的强弱、无线通信是否受到干扰、话音通信服务质量，以及列车控制系统无线数据的传输质量等。

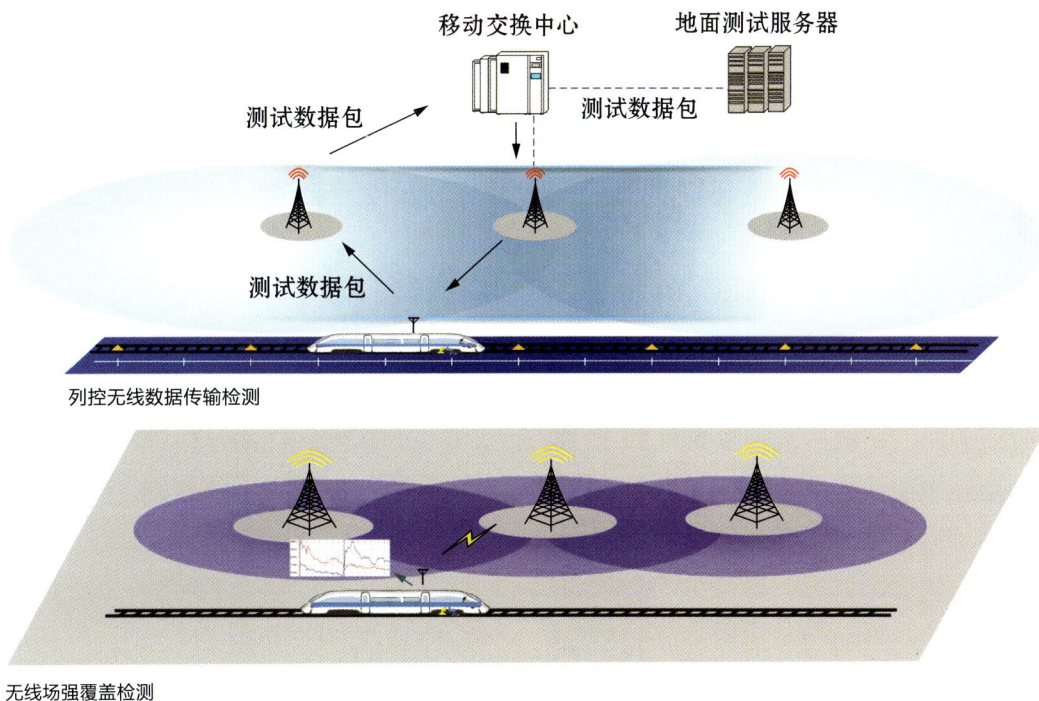

移动交换中心　　地面测试服务器

测试数据包　　测试数据包

测试数据包

列控无线数据传输检测

无线场强覆盖检测

❸ 高速铁路线路设施是怎样养护维修的？

针对所检测出的高速铁路病害类型与等级，及时采取相应的措施，对轨道部件进行修复或更换，使之恢复正常状态。对于无砟轨道的不平顺，通过调整轨距挡板和轨下垫板，使其恢复平顺性；对于有砟轨道，则采用大型养路机械进行起拨道和捣固，使其恢复平顺性。对于钢轨因自然环境和轮轨作用等原因产生的磨耗等，通过钢轨打磨，恢复钢轨的轮廓；对于钢轨由于夏季热胀冬季冷

作业中的钢轨打磨车

缩而产生的内部应力过大和变形，则采用钢轨应力放散技术进行修复。对于轨道板、CA 砂浆垫层出现裂缝或缺损，及时采用特殊的修复材料进行快速修补。桥梁、隧道、站房等设施定期检测，发现问题时，及时安排维修。

大型养路机械机组

❹通信信号和牵引供电系统是如何维修的？

通信信号系统设备以"预防为主、防治结合、精检慎修"的原则，实行预防性计划维修的维修模式和"天窗"时间集中检修的作业方式。铁路局及其电务段电务调度指挥中心依托地面信号集中监测系统、电务检测车车载信号及通信检测系统、列车控制设备动态监测系统、机车信号动态远程监测系统等的检测和监测数据，通过电务信息管理系统制定通信信号设备维

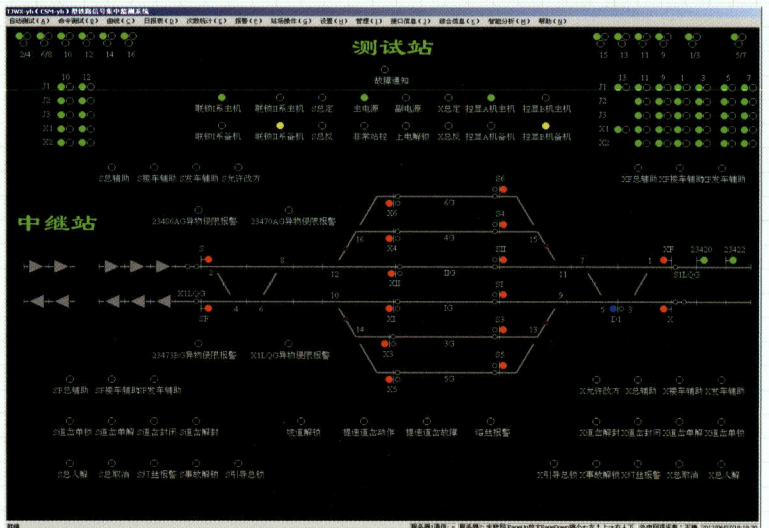

地面信号集中监测系统终端显示画面

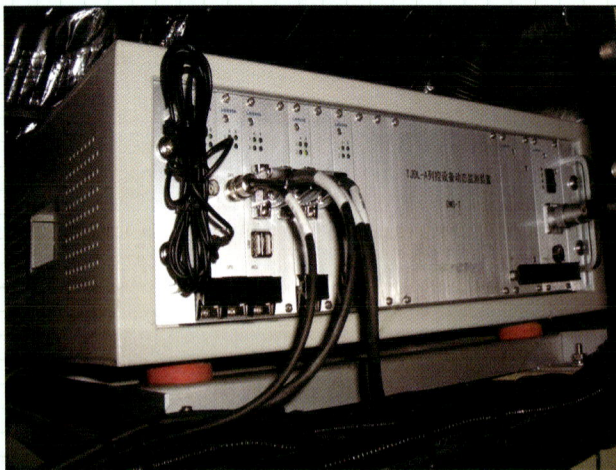

列车控制设备动态监测系统

列车控制设备动态监测系统监测数据显示画面

修计划。现场按维修计划实施，并定期对通信信号的地面设备进行中修和大修，车载设备的维修则与动车组的三、四、五级修一同进行。

高速铁路接触网是重要的行车设备。高速铁路接触网设备维修主要是对接触网设备进行检查、检测，掌握设备的技术性能与安全状态，对不满足安全运行的接触网设备在垂直检修"天窗"时间进行必要的维护，保证接触网的技术状态，确保运行和安全可靠性。

接触网维修

❺ 高速铁路基础设施检查和养护维修作业何时进行？

高速铁路每天都安排固定的检修时间。由于高速动车组的运行速度和空气动力作用比普通铁路大得多，因此为了确保高速动车组的运行安全和检查及维修人员的安全，按照"施工不行车、行车不施工"的高速铁路基础设施检查与养护维修原则，所有检查和养护维修作业均安排在每天的高速铁路运营结束以后的指定时间段内，一般为每天夜间的 0：00 ～ 4：00。

❻ 高速铁路每天为什么要开确认车？

高速铁路正式开通运营后，除每 10 天左右开行高速综合检测列车对高速铁路线路进行全面"体检"外，还要在每天早上开行第一班正式的载客高速动车组前，双向对开一班不载旅客空驶的高速动车组，这两列对开的高速动车组就是确认车。通过开行确认车，对线路的安全状态进行确认。

确认车

高速动车组运用、检修
Application, Inspection and Repair of High Speed EMU

❶ 怎样监控运行中的高速动车组？

运行中的高速动车组通过列车控制网络系统进行安全监控，利用安装在动车组牵引、制动等系统及车门、空调、轴承、转向架、电气等设备上的各种不同类型专用传感器，将速度、加速度、电流、电压、温度、压力、电气绝缘性能等监测数据，通过列车网络显示在司机室控制台的显示屏上。

司机室设有列车监控中心，显示监控结果，以及列车承载和旅客乘坐环境等情况，便于司机实时掌握列车状态。列车监控中心根据不同的故障设定模式自动报警或实施保护措施。

同时，将关键数据通过车载远程数据传输系统，传输至车载动态地面监控中心，并经过专用网络通道发送给运用单位、管理部门、动车维修段和制造厂家，一旦运用中的动车组出现问题，可以及时获得地面技术支持。

为了保证高速动车组运行安全，车上配有专职的机械师负责运行中动车组的检查和故障处理。

司机室列车监控

人机接口

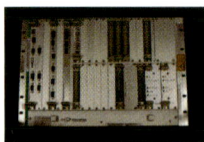

中央控制单元含网关

车辆总线

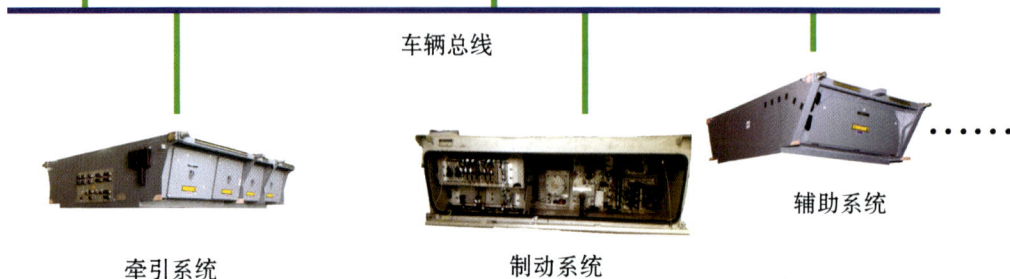

牵引系统　　　　　制动系统　　　　　辅助系统

列车网络控制诊断系统

❷ 高速动车组怎样进行维修？

高速动车组的维修分为一至五级修程。其中，一、二级修程属于运用维修，以日常维护保养为主，主要在动车所内完成；三、四、五级属于高级别维修，以恢复高速动车组的基本性能为主，主要在动车段或动车制造工厂内完成。

为了满足动车组快速维修、安全可靠、高效运营的要求，我国铁路建立了动车组管理信息系统，为动车组运用、管理与维修的决策提供支持信息，同时对动车段（所）生产、调度、技术、安全监控、仓储配送等各项工作进行全面的、实时的信息化管理，集中存储和管理相关基础数据、动车组履历、运用

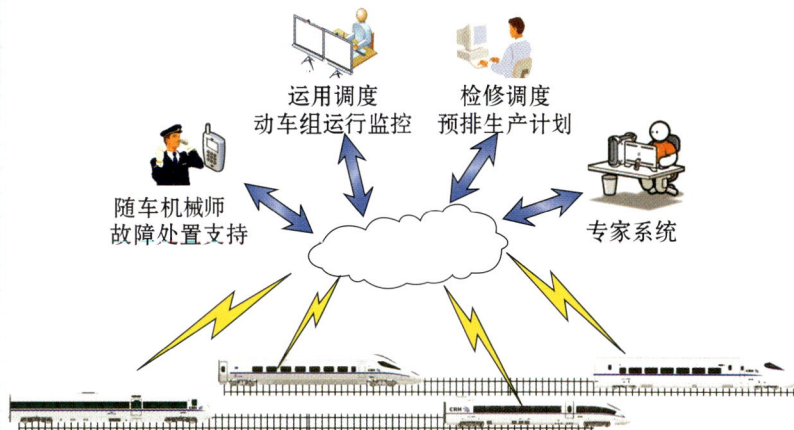

动车组车载动态监控系统

状态和配件运用情况等信息，提供动车组信息共享和动态信息交换平台，实现对全路动车组运用和维修信息的统一管理。

动车段（所）配有先进的装备，以保证动车组维修质量与效率。

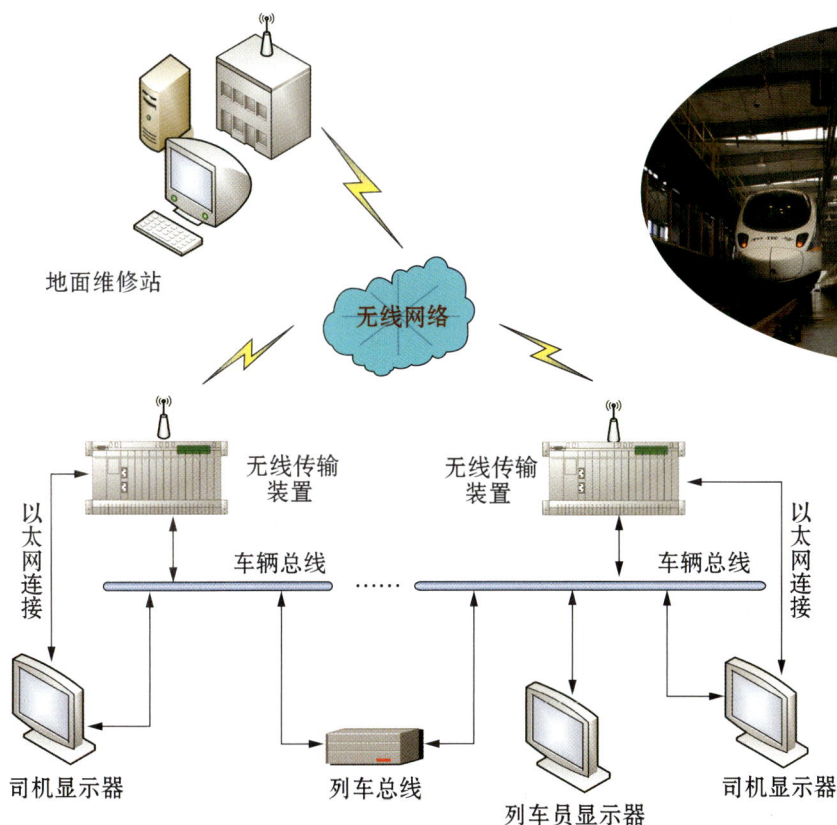

检修中的高速动车组

车载远程数据传输系统

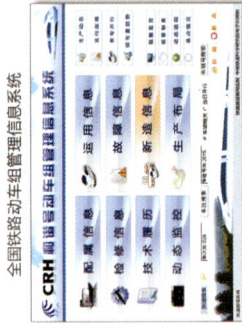

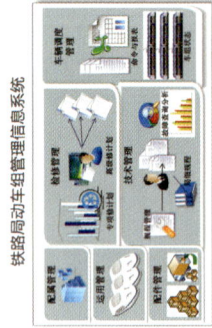

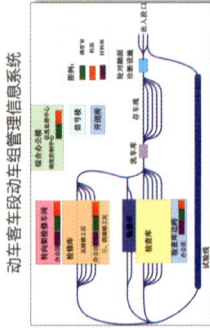

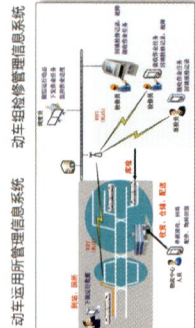

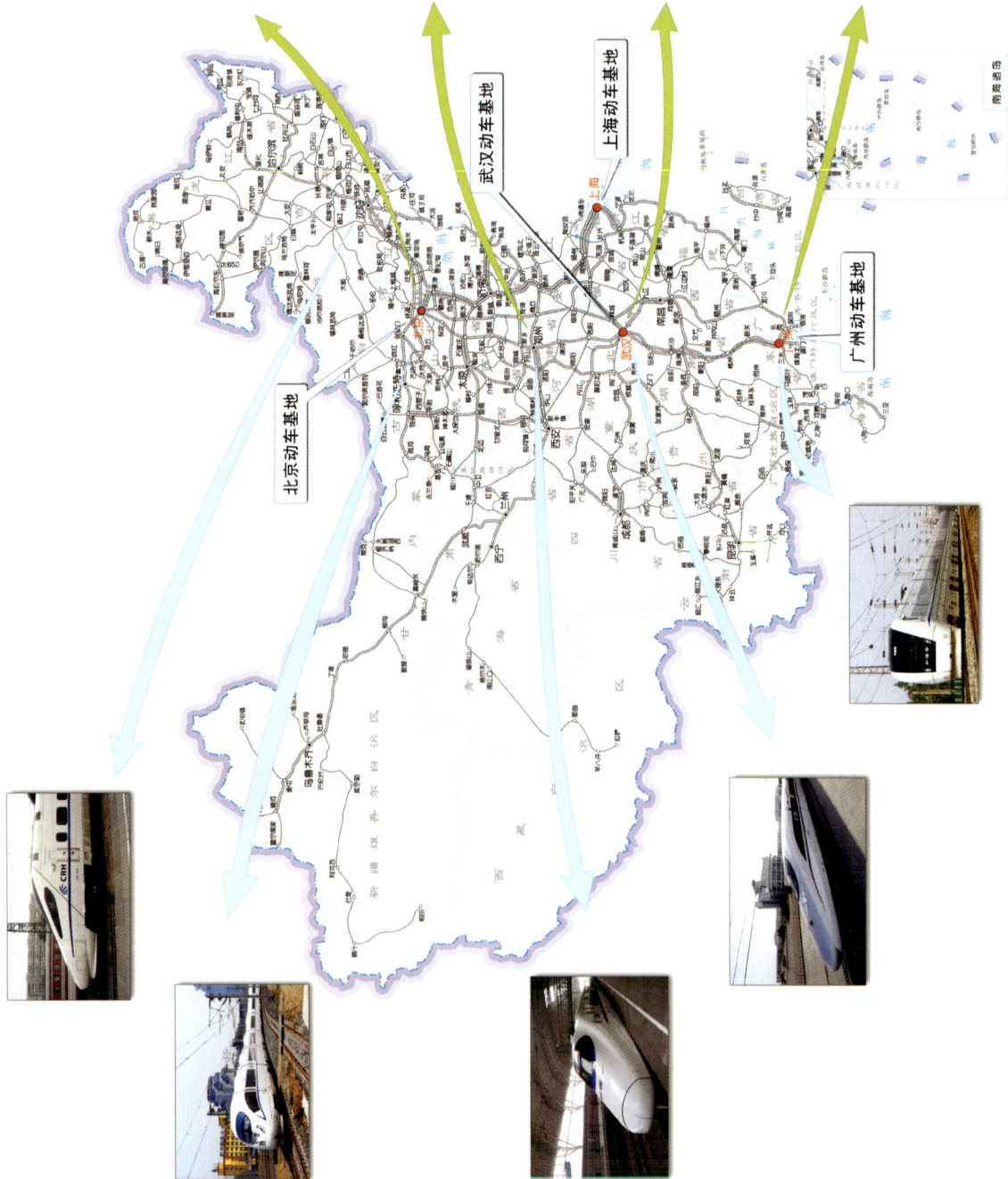

全国铁路动车组管理信息系统

铁路局动车组管理信息系统

动车客车段动车组管理信息系统

动车组检修管理信息系统

动车运用所管理信息系统

武汉动车基地

上海动车基地

南商通信

广州动车基地

北京动车基地

动车组管理信息系统

动车组检测维修设备——不落轮旋床

动车组检测维修设备——受电弓检测装置

动车组检测维修设备——车轴探伤

动车组检测维修设备——轮对故障动态检测系统

电器维修

制动综合试验

安全防灾
Safety and Disaster Prevention

为了应对自然灾害，铁路部门采取了多种技术措施和预案，防止自然灾害对高速列车的影响和危害。

高速铁路自然灾害及异物侵限监测系统构成

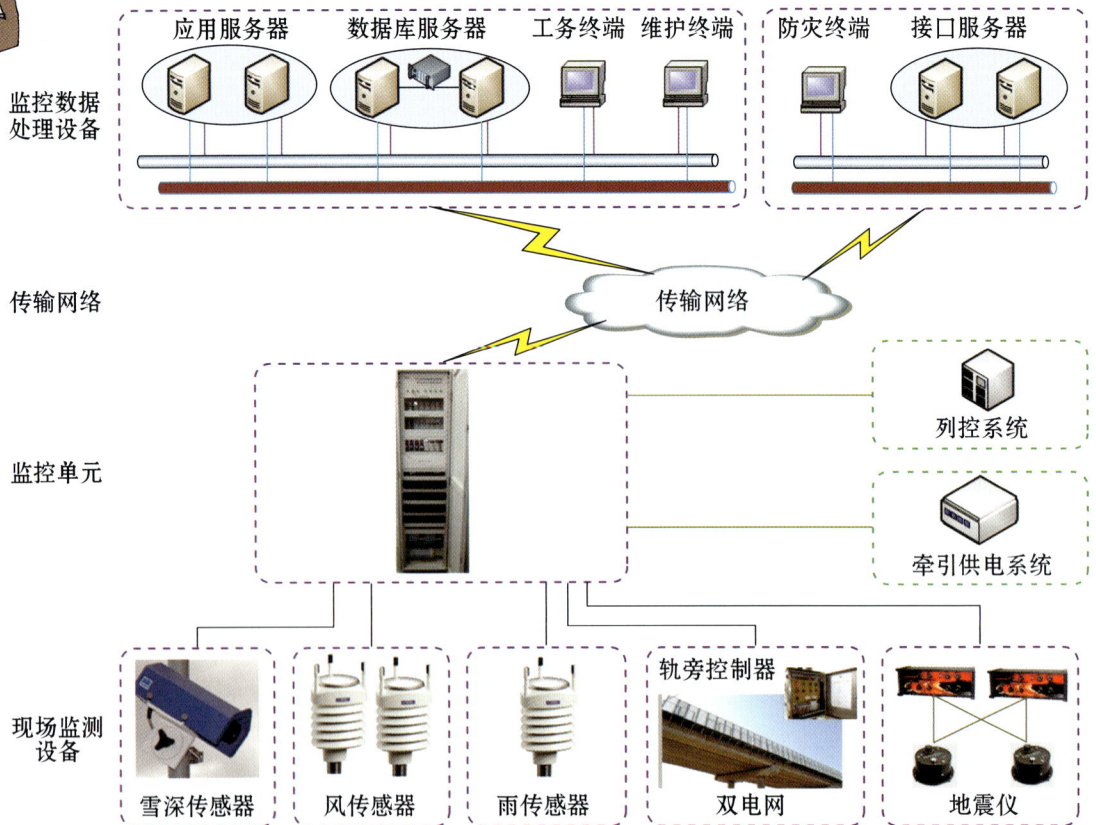

监控数据
处理设备

应用服务器　数据库服务器　工务终端　维护终端　防灾终端　接口服务器

传输网络　　　　　　　传输网络

监控单元　　　　　列控系统

牵引供电系统

现场监测
设备　　　雪深传感器　风传感器　雨传感器　轨旁控制器　双电网　地震仪

❶ 自然灾害及异物侵限监测报警系统有哪些功能？是如何工作的？

大风、强降雨（雪）、地震都会对高速铁路的安全运行造成影响，如果有异物落入高铁线路，也会对高速运行中的列车构成巨大威胁。铁路部门充分考虑到这些因素，设置了相应的监测设备，一旦发现此类情况，会及时采取应对措施，保障高速列车运行安全。

细心的读者会发现，在一些接触网支柱和地面上，安装有不同设备，其中就有风速风向计、雨量计和雪深计，分别与风监测子系统、雨量监测子系统和雪深监测子系统相连。高速铁路有关部门根据这些子系统监测到的数据，通知铁路工务、电务、机务以及客运部门采取相应措施。

风速风向计、雨量计和雪深计

地震监测子系统能够对铁路沿线的地震情况进行监测，当检测到的地震动加速度达到设定的报警限值时，自动向列控系统发出地震报警信息，并通过列控系统控制列车运行；同时向牵引变电所发出地震报警信息，通过牵引变电系统停止向接触网供电，使列车紧急停车，以最大限度地降低灾害损失；同时还向运营调度中心实时传输地震信息，供其组织紧急救援、快速抢修线路时参考。

实现地震预警是一项十分困难的工作，我国正在研究地震发生后 P 波和 S 波的时间差及地震

网实现全国地震预警，这是一项复杂长期的工作，需要继续深入研究。

地震动加速度计

公路与高速铁路立交时，有时从高速铁路上面跨越。如果公路桥上落下的物体进入高铁线路，会对高速运行中的列车构成巨大威胁。因此在这些地段都设置有异物侵限监测装置。当监测到异物侵入线路时，异物侵限监测子系统能够根据异物侵入线路的实际情况，自动向列控系统发出异物侵限报警信息，并通过列控系统使列车减速或停车，同时通知相关部门巡查，排除异物，保证列车安全。

异物侵限双电网传感器

❷ 大风天气对高速列车安全运行有哪些影响？如何应对？

大风会对高速列车的安全运行造成影响。当风力较大时，直接影响高速列车的受电弓从接触网正常取电，引起设备故障；当横向风力较大时，对高速列车的车体将产生较大的侧向力，严重时会导致高速列车脱轨甚至倾覆。因此铁路部门为应对大风天气的影响，针对不同风速对高速列车进行限速运行或停止运行。

例如，当风速在 25 米／秒以上且不大于 30 米／秒时，300~350 公里／小时的高速铁路限速 120 公里／小时（由于地形条件的特殊性，各铁路局可根据具体情况进行一定程度的下浮）；当风速大于 30 米／秒时，高速列车停止运行。

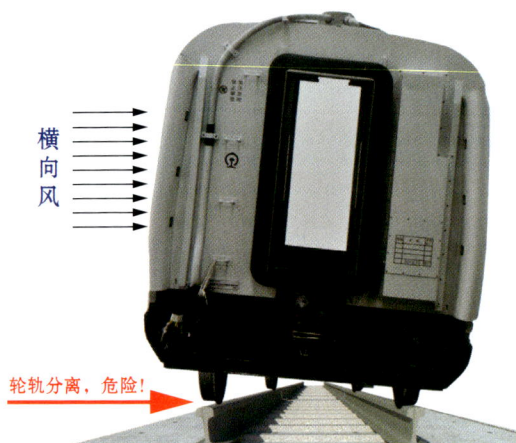

横向风

轮轨分离，危险！

横向风对高速列车运行安全影响示意图

❸ 降雨天气对高速列车安全运行有哪些影响？如何应对？

降雨天气容易诱发路基、桥梁、隧道等基础设施发生病害，雨量较大时也可能诱发铁路沿线附近的山体滑坡或泥石流，将会威胁到高速列车的运行安全。因此，铁路部门会根据雨量的大小和持续时间决定高速列车是否需要限速运行或停止运行。

例如，当降雨等于或大于 60 毫米 / 小时，高速列车限速 45 公里 / 小时（由于地形条件的特殊性，各铁路局可根据具体情况进行一定程度的下浮）。

❹ 冰雪天气对高速列车安全运行有哪些影响？如何应对？

冰雪天气会造成道床积雪、道岔结冰、接触网结冰和车底结冰等现象，甚至造成线路冻胀、几何尺寸超标。轨面上的积雪、覆冰、积水会使动车组轮轨接触摩擦力减小，产生打滑现象；道岔结冰，将严重影响道岔的转换和与基本轨的密贴性，致使高速运行的列车挤轨或出轨；冰雪对接触网受电、列控地面设备可靠性、通信信号系统的稳定性、动车组车体等均会产生影响。特别是当积雪达到一定深度时，就会严重威胁到高速列车的运行安全。对于高速运行的动车组来说，"一小块冰掉落就如同一颗子弹"，因此，遇冰雪天气高速列车一定要采取减速安全保障措施。为此，铁路部门会根据冰雪天气情况决定高速列车是否需要限速运行或停止运行。

人员培训
Personnel Training

❶ 高速铁路职工培训制度有哪些？

　　我国高速铁路采用了大量的新技术、新装备和新系统，高新技术的应用要求参与高铁建设及运营管理的人员必须具有较高的专业素质和实际操作水平。因此，开展高铁人才队伍专业化培训，是保证高铁运营安全的重要内容。

　　为了全面开展高速铁路专业技术人才队伍的素质培养，铁路部门先后建立了高速铁路技术培训中心、铁路继续教育高新技术基地、高速铁路事故救援培训中心等，满足不同专业、不同岗位的人员培训需求，形成了具有中国特色的三级高速铁路培训教育体系；还先后出台了《高铁一线关键专业技术岗位资格条件》、《铁路职工教育培训规定》、《高铁主要行车工种人员岗位准入管理办法》、《高速铁路主要行车工种岗位标准》等规章制度。在培训内容上，既有理论学习又有实践操作，既包括本专业的知识又包含跨专业的知识，全面适应高素质综合性人才的新要求。

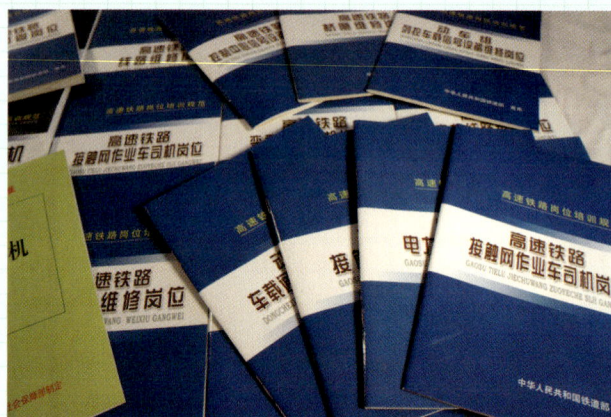

高铁培训规范及教材

❷ 高速铁路岗位培训标准有哪些？

　　人才是实现高铁运营安全的重要保证，为加强高铁人才队伍建设，强化高铁人才岗位准入和培训工作，除《铁路技术管理规程》和《动车组司机》、《动车组机械师》等67种国家职业标准和培训规范外，还制定了一系列高铁岗位标准和培训规范。主要包括：动车组司机、动车组机械师、动车组列车员（长）、高速铁路接触网维修岗位、高速铁路变配电设备检修岗位、高速铁路线路维修岗位、高速铁路现场信号设备维修岗位、动车组列控车载信号设备维修岗位、高速铁路控制中心信号设备维修岗位、高速铁路通信综合维修岗位、动车组车载通信设备维修等岗位标准和培训规范。

动车组乘务员理论培训、考试

动车组设备使用培训

高铁调度培训

❸ 如何选拔高速动车组司机？

动车组是完成旅客运输生产任务的重要设备，动车组司机是这一设备的直接操控者，这要求动车组司机应具备高度的责任心和求实精神，对工作高标准、严要求。动车组司机选拔的基本条件是：有良好的职业素质，热爱并胜任本职工作；持有电力机车驾驶证，担任司机职务两年以上，并安全乘务 10 万公里以上的现职司机；中专及以上学历。

初选合格人员参加动车组司机驾驶证资格认证，分为专业理论、模拟驾驶和实际操作演练三个部分，考试全部合格者颁发动车组司机驾驶证，具备动车组驾驶资质。

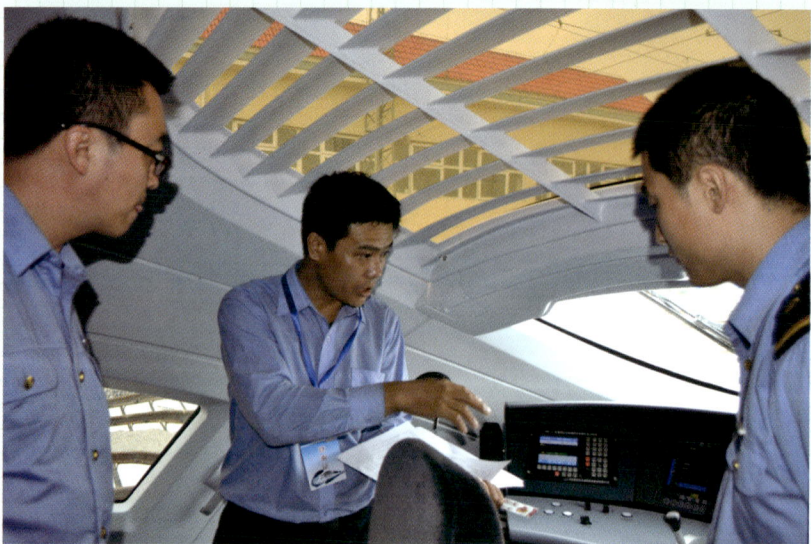

动车组司机培训掠影

❹ 动车组司机必须经过哪些培训才能上岗？

要取得动车组驾驶证，动车组司机必须学习动车组基本构造、牵引传动、制动系统、列车运行自动控制系统、行车组织和调度指挥系统、通信信号系统、动车组人机工程设备与行车安全理论、动车组驾驶作业心理学等理论知识；培训并掌握常用仪器、仪表的使用，电气、电路图识绘，计算机应用，动车组模拟驾驶装置操纵，动车组模拟驾驶装置故障应急处理操作演练，运行途中操纵，动车组途中故障应急处理等实作技能。

此外，动车组司机每人每年脱产培训不少于20天，铁路部门按规定制定动车组司机年度培训计划，统一安排动车组司机到培训基地培训不少于10天，其中进行各类故障、非正常情况下的模拟操纵培训不少于8天，培训成绩记入档案。

铁路局对所属动车组司机，每半年组织一次规章闭卷考试，成绩记入档案。对不及格的限期脱产培训，培训后仍不及格的调离动车组乘务工作。铁路局每年对动车组司机进行一次职务鉴定，鉴定以年内本人日常工作实绩为主，并结合年内规章考试和作业标准化考核进行。鉴定不合格者，不准上岗执乘。

动车组司机模拟驾驶、操作

应急管理
Emergency Management

❶ 高速铁路应急救援体系是怎样的?

高速铁路应急管理体系是我国铁路应急体系的重要组成部分,铁路部门依托安全技术和现代信息技术,建立了三级应急救援体系,明确各级应急管理职责,形成了比较完善的铁路应急管理和救援指挥体系。

同时还与地方政府、部队、医疗、消防、公安、相关企业等建立了应急救援联动机制,共同构建人员救助网络。通过建设应急通信系统,实现了应急救援指挥中心与救援现场的实时语音通信和实时静图传输。各铁路局常年储备足够数量的应急救援物资,并做好应急资金保障,从而实现了突发事件的快速响应和联合救援。

❷ 高速铁路应急预案包括哪些内容?

2005 年,公布实施《国家处置铁路行车事故应急预案》和《铁路防洪应急预案》等部门预案。2011 年,新编《铁道部处置铁路交通事故应急预案》、《铁路建设工程生产安全事故应急预案》,修订《铁路防洪应急预案》、《铁路地震应急预案》、《铁路网络与信息安全应急预案》、《铁路突发公共卫生事件应急预案》等预案,明确了铁路各类突发事件的应急组织体系和职责、预防预警、应急响应、后期处置、保障措施等内容。针对高速铁路,制定了动车组列车突发事件旅客疏散办法、动车组列车火灾火情事故应急处置办法、动车组列车空调失效应急处置办法、动车组脱轨事故救援起复办法、工务设备故障应急处置办法、接触网事故抢修办法、电力故障抢修办法、电务设备应急抢修办法等。

❸ 高速铁路应急救援演练内容有哪些？

高速铁路应急救援演练的内容主要包括：通信信号、动车组、线路、接触网、牵引供电、旅客服务等系统故障、火灾等紧急情况下的救援演练等。

❹ 发生设备故障或紧急事件时如何组织救援？

高速列车发生设备故障或紧急事件时，应及时启动高速铁路应急预案。列车司机立即停车，采取紧急处置措施，对无法处置的，立即报告临近车站、列车调度员进行处置。事故造成行车中断的，立即组织抢修，尽快恢复列车正常运行。造成人员伤亡的或需要紧急转移的，通过疏散通道迅速组织救援，疏散旅客、抢救伤员。

例如，高速铁路隧道无论长短，均设置贯通的救援通道，随着隧道长度的增加，隧道内还设置了供人员疏散的紧急出入口。长度超过20公里的特长隧道和部分特殊地质的隧道建成两个单独的平行隧道，两隧道之间设置联络横通道。联络横通道可以保证旅客从事故隧道尽快疏散至另一条隧道内。根据需要，隧道内还设置了必要的防灾救援站、避难所以及防灾通风等救援设施，一旦列车因故障停在隧道内需要救援时，救援人员可以迅速通过救援通道疏散旅客并进行救援。

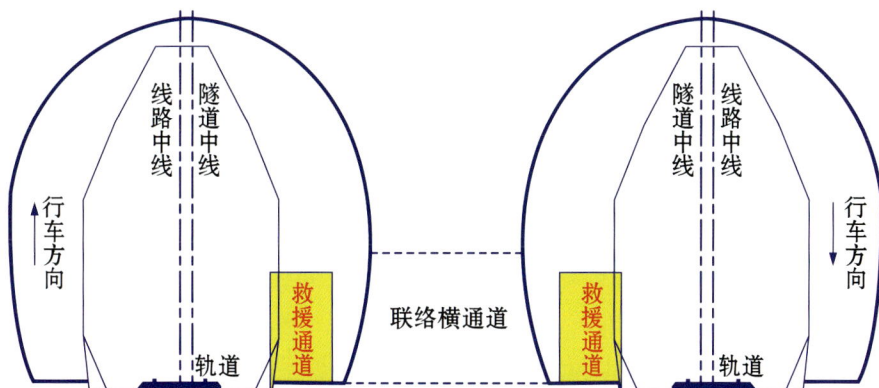

双洞单线隧道救援通道示意图

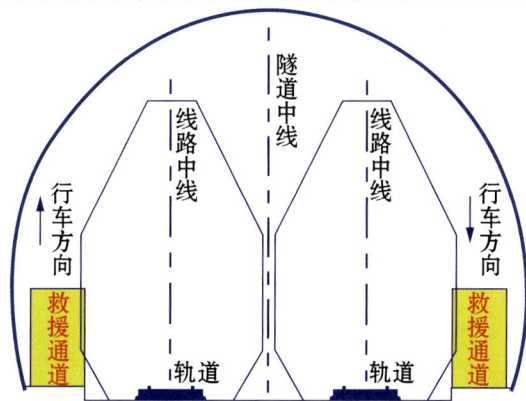

单洞双线隧道救援通道示意图

为您服务
Services

综述

为了向乘坐高速列车的旅客提供便捷、高效、舒适的人性化服务，高速铁路客运服务系统采用了先进的信息技术，功能完整、性能优越、操作简单、安全可靠。该系统包括票务（售票、检票、补票）、旅客引导服务（广播、引导信息发布）、旅客安全视频监控等。

为了方便旅客购票、取票和检票，高速铁路车站内设有自动售票机、自动取票机、人工服务售票窗口以及自动检票机。旅客还可以在家中通过互联网购票和电话订票。安装在车站、车上的引导信息显示和广播系统及时发布高铁客运信息，为旅客购票、补票、候车、检票、乘车、

高速铁路客运服务系统构成图

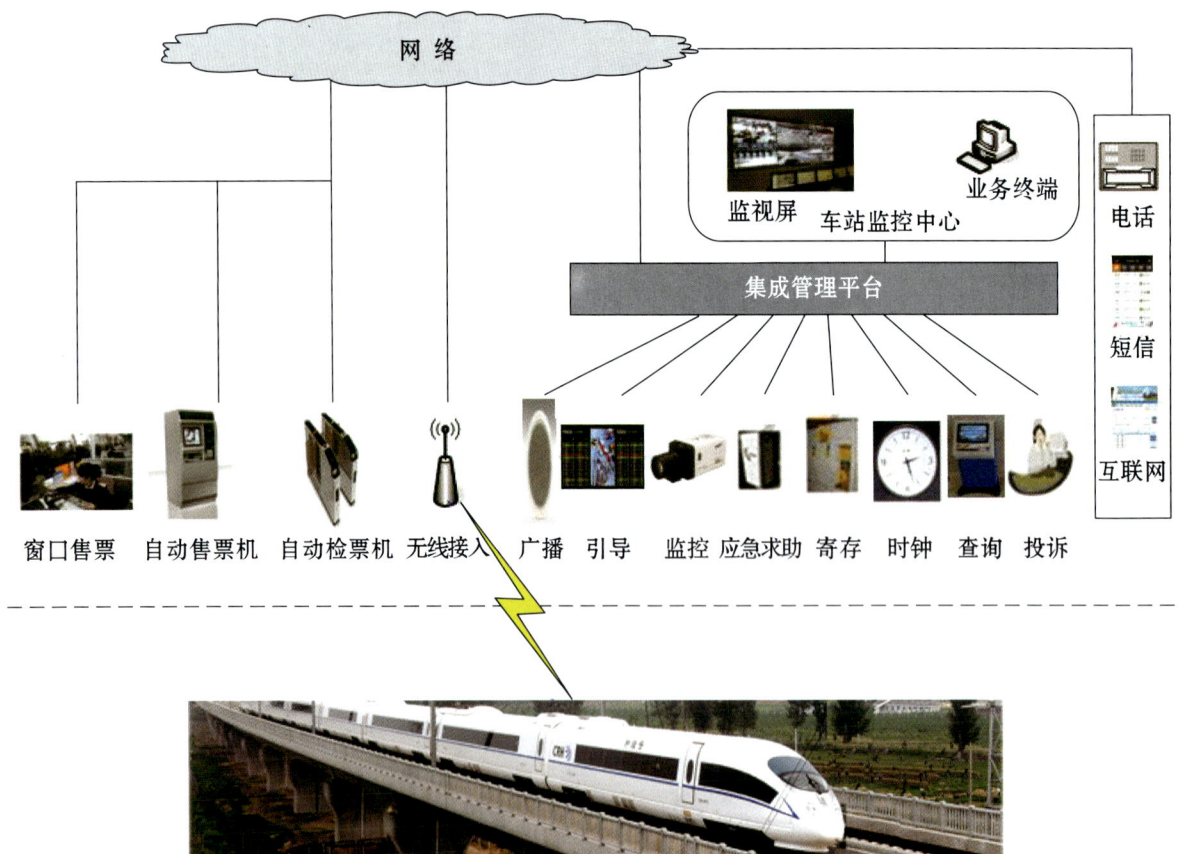

到站下车以及餐饮和休闲娱乐提供音视频信息服务。高铁车站与其他公共交通工具的接驳按照"近距离换乘"的设计理念考虑，最大限度地减少旅客换乘的行走距离。高铁车站和高速列车的内部设计时尚、宽敞明亮；信息服务、餐饮服务、行李存放服务、无障碍服务等功能设施齐全且各功能区布置合理，为旅客提供方便。

中国铁路客户服务中心网站"www.12306.cn"为旅客提供网上订票、售票、支付等服务，是铁路唯一的互联网售票网络；同时实现语音接入功能，支持投诉受理、客户关系管理与质量评价等服务。

票务系统
Ticketing System

❶ 铁路客票系统是怎样构成的？

铁路客票系统是中国铁路客票发售和预订系统的简称，主要由旅客服务、市场营销、营运管理和支撑平台四个部分组成，其中面向旅客售票、补票、检票和验票服务的部分包括车站票务子系统、互联网购票子系统、电话订票子系统、列车票务子系统、卡务子系统和电子支付前置子系统等；正在开发中的新一代铁路客票系统还将新增手机订票等服务子系统。

新一代客票系统功能架构示意图

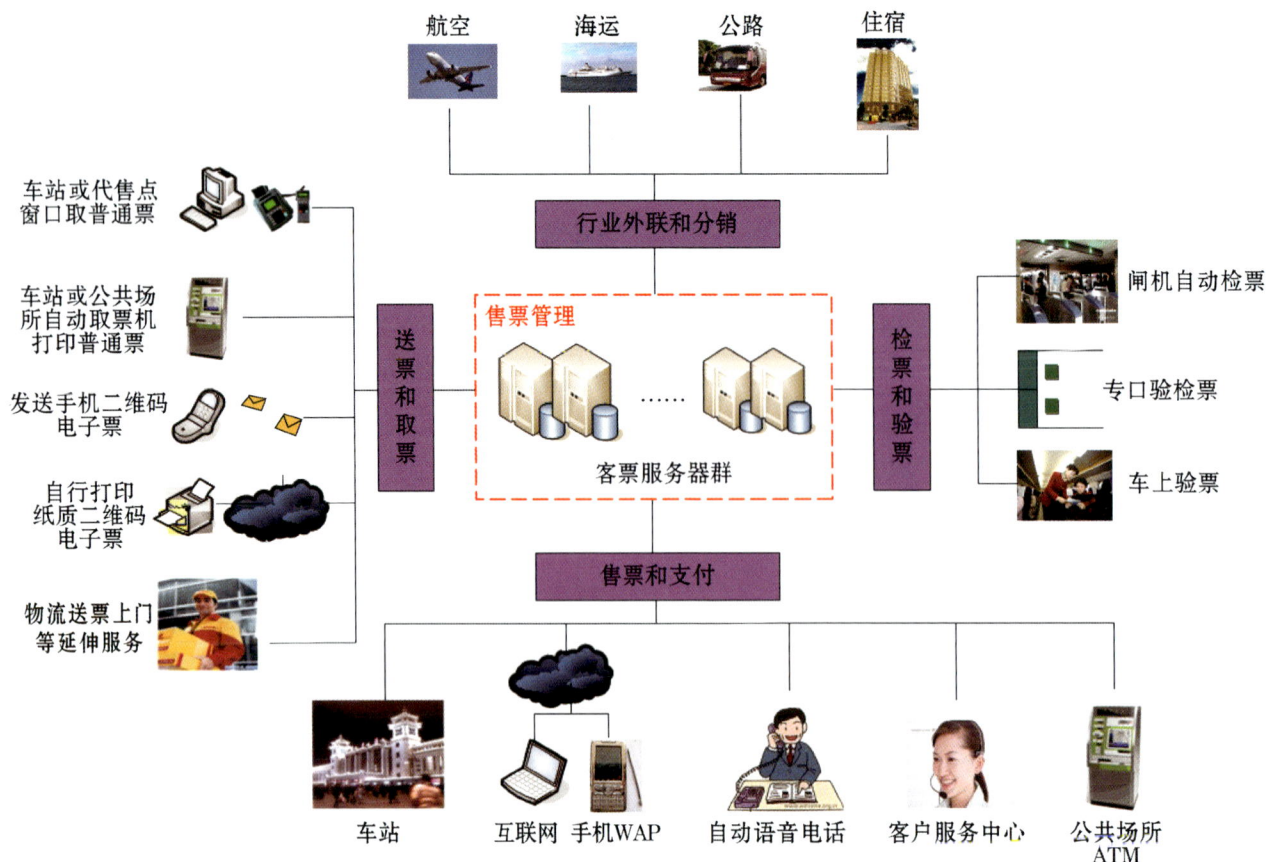

航空　海运　公路　住宿

行业外联和分销

车站或代售点窗口取普通票

车站或公共场所自动取票机打印普通票

发送手机二维码电子票

自行打印纸质二维码电子票

物流送票上门等延伸服务

送票和取票

售票管理

客票服务器群

检票和验票

闸机自动检票

专口验检票

车上验票

售票和支付

车站　互联网 手机WAP　自动语音电话　客户服务中心　公共场所ATM

全国铁路客票发售与预订网络示意图

❷ 铁路客票系统可以为旅客提供哪些服务？

通过铁路客票系统，可以向全国各地旅客提供铁路客票预订和发售服务，日发售全国铁路客票可高达 700 万张以上，而且在售票高峰时段，能够同时处理四五千个座席的预订和购买申请，其中有相当数量是对同一时间、同一车次、相同座席的请求。

在铁路客票系统的支持下，旅客除了可以在铁路车站的人工售票窗口、旅客自助购票机和火车票代售处购买铁路车票外，还可以利用中国铁路客户服务中心网站（http://www.12306.cn，以下简称："12306网站"）和电话等现代通信手段购（订）票，并且旅客可以选择现金、银行卡以及网银等多种方式购买车票，极大地方便了旅客购票，大幅度节省旅客买票的交通成本和排队时间。

网上订购到车票的旅客，可凭订票时所使用的本人有效身份证件和订单号码到车站的售票窗口、自动取票机以及火车票代售处换取纸质车票，然后检票进站乘车；在装有可自动识别二代居民

窗口售票

身份证的自动检票机的车站，旅客也可以直接持订票所使用的本人二代居民身份证原件作为乘车凭证，无需再换纸质车票，直接办理进、出站检票手续。

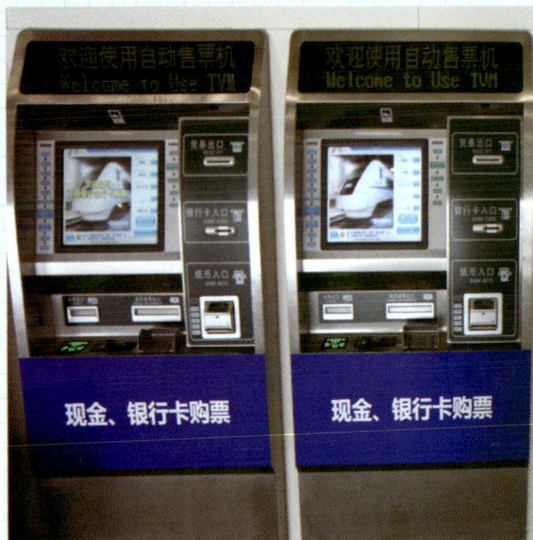

自动售票机售票

火车票代售处

12306网站于2011年6月12日正式开通运行，2011年6月24日开始发售京沪高铁车票，2011年12月23日正式发售全国铁路客车车票。

为了保证超大规模并发下系统的稳定运行，12306网站不断努力完善和改进，提高旅客购票体验。

12306网站

电话订票中心机房

以服务为宗旨　待客户如亲人

北京铁路客户服务中心

使用二代身份证网上订购到车票的旅客
可凭二代身份证直接检票进出站

❸ 票务系统有哪些为旅客服务的终端设备？

终端设备主要包括自动售票机、自动检票机、自动取票机以及移动补票机。

(1) 自动售票机：就像一个会"吐"票的机器人，是集支付、找零、制票、证件识读等功能于一体的旅客自助购/取票设备，能为旅客提供一个性能稳定、简便快捷的自助式购/取环境。

自动售票机主要提供磁介质纸质车票（简称磁性车票）发售、现金购票、银行卡购票、网络购票取票、电话订票购票、实名制证件识读、纸币找零、硬币找零、收据打印、语音提示、灯光提示、工作状态提示等功能。

(2) 自动检票机：也叫闸机，它就像一名无"薪"检票员，专供持磁性车票的旅客进出站检票使用，由于装有磁票处理模块，方便旅客使用，可大幅提高旅客通行速度。

旅客持磁性车票经检票闸机检票时，应保持距离，一人一票，右手持票，将车票正面朝上对准插票口插入，符合检票条件时，显示屏出现确认显示，绿灯或黄灯亮起，车票从出票口自动弹出。旅客从闸机上方出票口拿取车票，待安全门开启后即可通过。

自动售票机

自动检票机

（3）自动取票机：是针对互联网售出的已支付票款车票的取票设备。旅客可在"互联网取票"界面，将二代居民身份证放置在识读区读取，点击"打印车票"就可取票。自动取票机的广泛应用，使得旅客取票更加快速、便捷。

自动取票机

（4）列车移动补票机：可以方便、快捷地办理列车上的补票业务，实现了列车移动补票作业的电子信息化。

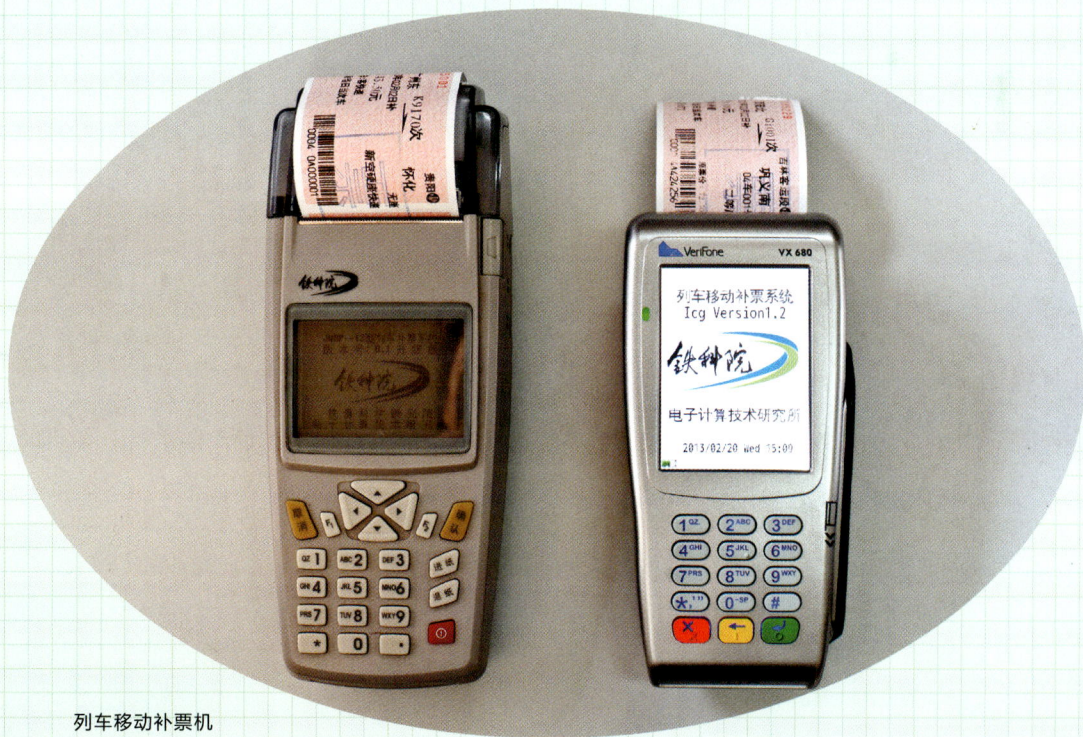

列车移动补票机

站车服务
Services in Station and on Train

① 旅客服务信息系统集成管理平台包含什么内容?

安装在高速铁路车站上的旅客服务信息系统集成管理平台就像车站的大管家一样管理着车站的日常工作。旅客服务信息系统集成管理平台是一个以实时调度信息为基础，以列车到发信息为核心，综合集成了客运广播、引导信息揭示、旅客安全视频监控等旅客服务子系统。

(1) 车站广播系统在旅客服务信息系统集成管理平台的统一管理下，通过设置在售票厅、候车厅、检票区、站台等区域的广播装置，按照预先制定好的播音程序或临时人工向旅客发布铁路通告、列车到发时刻、售票检票、站内设施、站内环境、旅行等相关信息。

(2) 旅客引导综合信息显示系统可以为进出站旅客提供各种信息。在旅客服务信息系统集成管理平台的统一管理下，综合信息显示系统主要用于发布列车到发动态信息，引导旅客进站候车、上下车、进出站；还可以根据需要发布政府公告、铁路管理公告、旅客出行参考、财经信息、媒体新闻、赛事直播、广告等实时动态的多媒体信息；并能够在火灾等非正常情况下，发布紧急疏散提示。

旅客服务信息系统集成管理平台界面

车站广播系统

综合信息显示系统

出站引导

站台显示屏

出站口显示屏

（3）旅客安全视频监控装置分布在旅客购票、进站、候车、检票、上车、出站等公共活动场所的每个角落，它们一刻不歇地记录着车站内外的情况。车站工作人员可以在综合控制室内浏览或调阅记录的监控画面。

旅客安全视频监控系统监视画面

❷ 高铁车站如何实现"近距离换乘"？

实现旅客换乘方便快捷是现代交通枢纽站建设的目标，也是以人为本设计理念的体现。在车站空间布局中，将各种交通空间整合，形成并置、交叠、复合的一体化功能空间，极大地缩短了换乘旅客走行距离。

如北京南站送站小汽车落客区设在高架进站厅的东西两侧，公交车落客区贴临地面进站厅设置，两条地铁线的站厅设在地下出站厅的中央部位，出租车待客区位于地下出站厅两侧的夹层内，旅客在站房内部通过综合的交通换乘空间可以完成进出站，实现了"近距离换乘"。

上海虹桥车站铁路、地铁、磁悬浮、机场航站楼无缝连接，公交枢纽、长短途客运、出租客运布局紧凑。"以人为本，以流为主，服务旅客"的设计理念在虹桥铁路枢纽中展现得淋漓尽致。

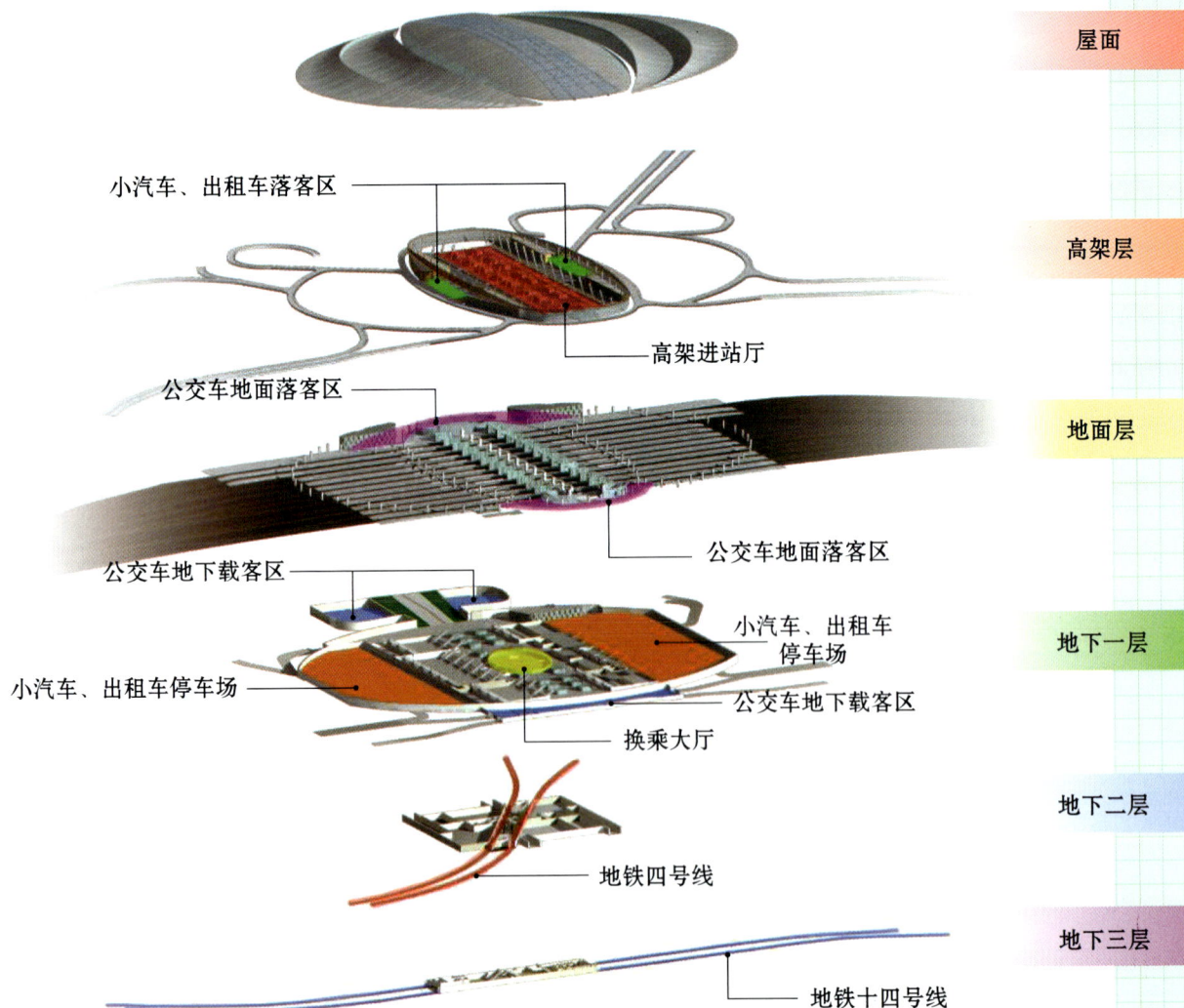

屋面

小汽车、出租车落客区

高架层

高架进站厅

公交车地面落客区

地面层

公交车地面落客区

公交车地下载客区

小汽车、出租车停车场

地下一层

小汽车、出租车停车场

公交车地下载客区

换乘大厅

地下二层

地铁四号线

地下三层

地铁十四号线

北京南站各种交通方式换乘示意图

❸ 旅客列车等级及车次范围是如何编排的?

列车等级	列车车次	读音
高速动车组旅客列车	G1 – G9998	"G"读"高"
城际动车组旅客列车	C1 – C9998	"C"读"城"
动车组旅客列车	D1 – D9998	"D"读"动"
直达特快旅客列车	Z1 – Z9998	"Z"读"直"
特快旅客列车	T1 – T9998	"T"读"特"
快速旅客列车	K1 – K9998	"K"读"快"
普通旅客列车	1001 – 7598	
通勤列车	7601 – 8998	
临时旅客列车	L1 – L9998	"L"读"临"
旅游列车	Y1 – Y998	"Y"读"游"

❹ 动车组车厢席别设置及座席号编排是怎样规定的?

为了满足不同旅客的需要,在一列高速动车组内一般都编挂有一等座车和二等座车,在部分车型的动车组内还编挂有商务座车和餐车。

动车组旅客列车座席排号类似航空的飞机席位编码方式,从车厢一位端开始按顺序编排,用阿拉伯数字表示。座椅位置采用 A、B、C、D、F 共 5 个字母表示,其中 3+2 座椅排列中,3 人座椅用 A、B、C 表示,2 人座椅用 D、F 表示;2+2 座椅排列分别用 A、C 和 D、F 表示;2+1 座椅排列分别用 A、C 和 F 表示。无论是何种座席排列,A、F 代表靠窗座席,C、D 代表靠过道座席。

商务座椅　　一等座椅　　二等座椅

车厢席别示意图

5 列车服务设备设施主要有哪些？

动车组列车服务设备设施主要有车内电气、供水、通风、取暖、空调、座席、车窗、车门、行李架、旅客信息服务系统等。

（1）座席

以和谐号 CRH380AL 型高速动车组为例，商务座车内每排座椅为 2+1 布置形式，即一排 3 座，全部为红色的躺座和方向可调式蒙皮软席座椅，前后排座椅之间空间大，并且每个座椅上都配有多媒体显示屏、小板桌、电源插座、阅读灯等，可满足旅客车上办公和休闲娱乐的个性化需求。

一等座车内每排座椅为 2+2 布置形式，即一排 4 座，全部为红色的靠背倾角可调式软席座椅，旅客可以通过调整座椅靠背的倾斜角度选择舒适的坐姿，前后排座椅之间的空间较大。

二等座车内每排座椅为 3+2 布置形式，即一排 5 座，全部为蓝色的靠背倾角可调式软席座椅。

CRH380AL 型高速动车组商务座车

CRH380AL 型高速动车组一等座车

CRH380AL 型高速动车组二等座车

高速动车组头车观光区

为方便旅客，部分车型的座椅还可以水平方向180度自由转动，一方面可以使旅客面对的方向始终与列车运行方向保持一致；另一方面使得前后相邻两排的座椅面对面，方便旅客商谈、聊天和娱乐。座椅靠背后面还安装有折叠式小板桌，可供后排座椅上的旅客放置物品。

另外，在头车紧邻司机室的区域还设有观光区。观光区内根据车型不同设有不同形式的座椅。

座椅旋转示意图

折叠式小板桌示意图

(2) 内端门

每辆车两端各设有一个自动内端门，密闭性能好，开启和关闭时噪声低，旅客可以方便的通过车厢。

标准内端门

(3) 车窗

列车内车窗均设置为气密构造式固定窗。每个车窗均设有遮光帘。

列车内部车窗

(4) 行李存放

车内座椅上部均设有行李架可以放置行李。

考虑到旅客放置大件行李的需要，车厢内还专门设置了大件行李存放处，可以为旅客存放少量具有较大体积的行李物品。

行李架

大件行李存放处

(5) 卫生间

在每个车厢的端部均设有普通卫生间。卫生间内有 SOS 按钮，遇到紧急情况，乘客可按此按钮求救。

每一列车还设有无障碍卫生间，它的内部空间比普通卫生间更大，采用自动门，便于出入；卫生间洗漱台下的空间很大，方便乘坐轮椅的旅客洗漱。另设有婴儿床，便于乘客为婴儿更换尿布等。

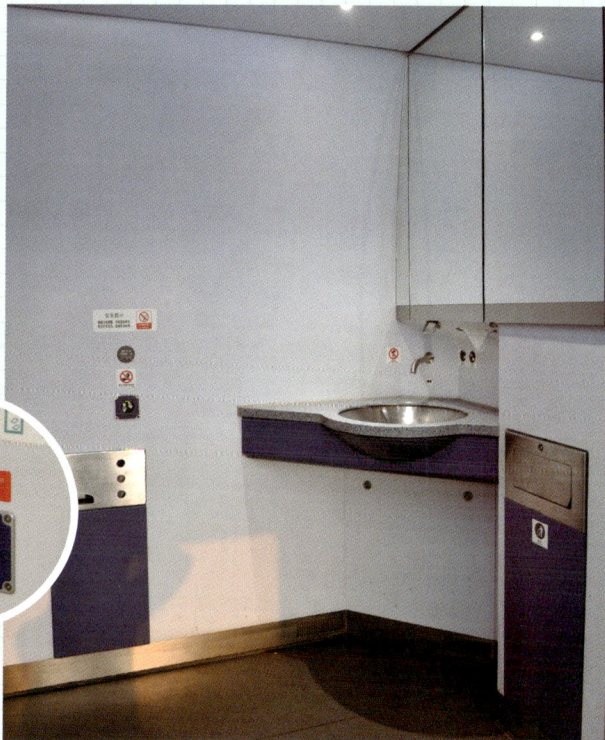

卫生间内 SOS 按钮

普通卫生间

盥洗室

无障碍卫生间

卫生间内婴儿床

(6) 列车信息服务

在车厢内还安装有电视和广播系统，为旅客提供视频音频服务；在车厢两端上方安装有信息显示屏，滚动播放本车列车车次、车厢号、当前时间和列车速度等文字信息；部分车型车内还布置有通信网络设备，为旅客提供无线上网及手机通讯服务等。考虑到旅客在车上使用笔记本电脑、手机时对电源的需求，在座椅的背后下方还设有供旅客使用的电源插座。

信息显示屏

车载音频控制面板

电源插座

⑥ 列车餐饮服务主要包括哪些？

在每节车厢端部设有电开水炉，用于向旅客提供饮用开水服务。为满足长途旅客用餐的需要，部分高速动车组还专门编挂了餐车。

餐车内设有吧台、用餐桌椅和展示柜、储物柜、保温箱、冰箱、电磁炉、微波炉等餐厨电器，分别用于接待旅客、展示和存放食品饮料、烹调及加热饭菜。在高速动车组上向旅客提供航空式的配餐服务，车上配售的饭菜由地面的动车配餐基地（动车配餐中心）加工制作并且负责向车上配送。饭菜配售形式有正餐和快餐，品种丰富、荤素搭配、美味可口、安全卫生，可供旅客选用。

基地配餐送车

餐车全景

安全保护
Safety

综述

保证铁路的运输安全和畅通，关乎国计民生与和谐社会建设，关乎旅客生命和财产安全。国家和政府部门保护铁路的法律法规和规章制度有哪些？高速铁路为什么实行全线封闭管理？什么是铁路线路安全保护区？为什么在高速铁路上尤其要保证线路安全？为了保证安全，旅客在乘坐高铁时应该注意什么？哪些行为可能导致高铁安全事故？公民发现这些行为时怎么办？……本部分就这些问题进行了简要介绍。

① 保护铁路的法律法规和规章制度有哪些？

我国铁路的法律法规主要有《中华人民共和国铁路法》和《铁路运输安全保护条例》等。

《中华人民共和国铁路法》由中华人民共和国第七届全国人民代表大会常务委员会颁布，自1991年5月1日起施行。制定本法的目的是为了保障铁路运输和铁路建设的顺利进行，适应社会主义现化代建设和人民生活的需要。主要内容包括：总则、铁路运输营业、铁路建设、铁路安全与保护、法律责任和附则等六部分。

《铁路运输安全保护条例》由中华人民共和国国务院颁布，自2005年4月1日起施行。目的是为了加强铁路运输安全管理，保障铁路运输安全和畅通，保护人身安全、财产安全及其他合法权益。中华人民共和国境内的铁路运输安全保护及与铁路运输安全保护有关的活动，适用本条例。主要内容包括：总则、铁路线路安全、铁路营运安全、社会公众的义务、监督检查、法律责任、附则等七部分。

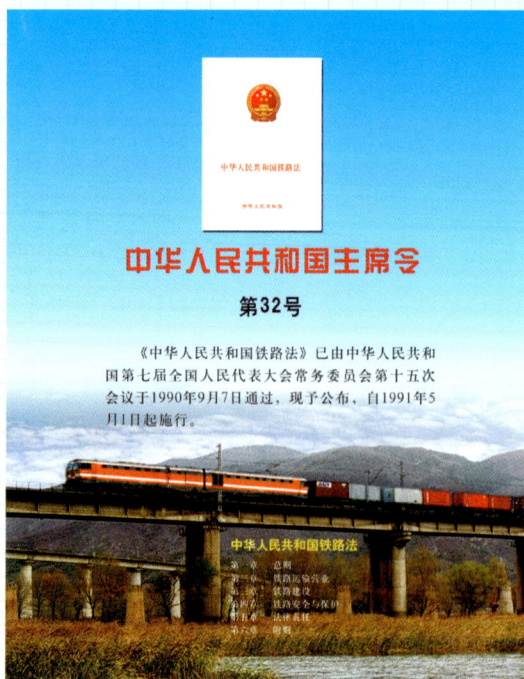

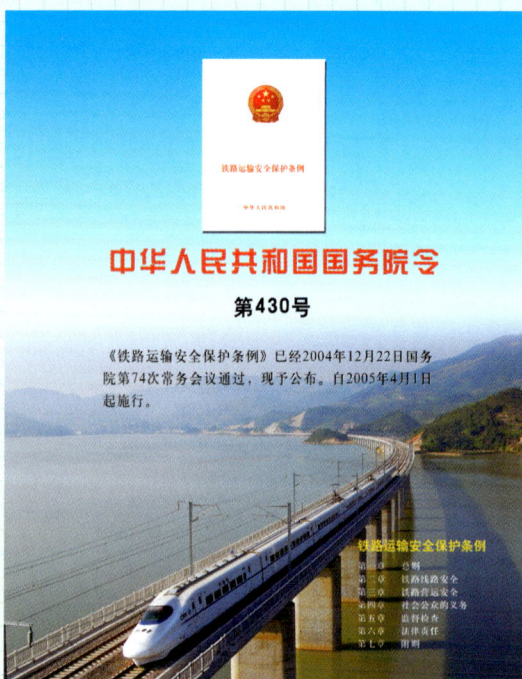

❷ 高速铁路为什么实行全线封闭管理？

高速动车组以 200 公里／小时以上速度高速运行时，遇到突发情况实施紧急制动停车需要的制动距离一般是 2～6 公里，如果司机目视发现情况后再采取制动措施根本来不及。因此，如果行人、社会车辆和牲畜等进入高速铁路线路，将会导致严重的后果；并且疾驰而过的高速动车组会搅动周围的空气，产生强烈的"列车风"，危及靠近线路人员的人身安全。为了保证高速铁路的行车安全以及人民生命财产的安全，必须对高速铁路全线实行全封闭管理。

**高速动车组通过时列车风
对人体作用力方向变化示意图**

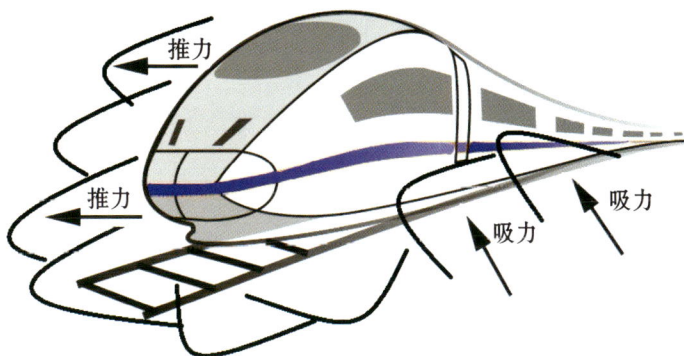

推力

推力

吸力

吸力

高速铁路两侧设立防护栅栏以实现全线封闭

❸ 什么是铁路线路安全保护区？为什么在高速铁路上尤其要保证线路安全？

为了保护铁路线路安全和行车安全，在铁路线路两侧划出一定的范围，除必要的铁路施工、作业、抢险活动外，禁止任何单位和个人在此范围内建造建筑物、构筑物；取土、挖沙、挖沟；采空作业；堆放、悬挂物品；烧荒、放养牲畜和种植影响线路安全和行车瞭望的树木等植物；不得向此范围内排污、排水、倾倒垃圾及其他有害物质。这一范围叫做线路安全保护区。依据《铁路运输安全保护条例》线路安全保护区划定范围是：从铁路线路路堤坡脚、路堑坡顶或者铁路桥梁外侧起向外的距离分别为

（一）城市市区，不少于 8 米；

（二）城市郊区居民居住区，不少于 10 米；

（三）村镇居民居住区，不少于 12 米；

（四）其他地区，不少于 15 米。

在高铁线路上，高速列车运行速度高，线路受损害后，发生事故的后果会更加严重。因此，在高速铁路上尤其要保证线路安全。

铁路线路安全保护区标识牌

铁路线路安全保护区

❹ 为了保证安全，旅客在乘坐高铁时应该注意什么？

（1）不吸烟

高速列车为全封闭式车厢，在车内吸烟会恶化空气环境，也会造成火灾隐患，并激发防火烟雾报警装置报警，导致列车自动降速或停车。在高铁线路大密度、高频次发送列车的情况下，任何一趟列车的降速或停车都可能引发事故，因此，在高速列车任何地方都禁止吸烟，包括卫生间。

钮）。紧急制动阀（按钮）的作用是遇有行车和人身安全的紧急情况时迫使行驶中的列车采取紧急制动。列车行驶中，在一般情况下只有列车长、乘警、检车乘务员等才可以使用紧急制动阀（按钮），旅客是不能动用的。

动车上禁止吸烟标志

（2）临时停车时不攀爬车顶

高速列车接触网在高速列车顶部，供电电压为 25 千伏，攀爬车顶极易导致触电。

紧急制动阀

严禁攀爬车顶

（3）不拉紧急制动阀

高速列车内有标明"危险勿动（紧急用）"的红色手把（按钮），这就是紧急制动阀（按

紧急制动按钮

（4）不乱动应急锤、灭火器

应急锤是在发生紧急情况时，列车紧急制动停车后，用于敲碎车窗玻璃自救逃生的工具；灭火器用于扑灭火灾。灭火器、应急锤关乎旅客生命。一是不能拿走或挪动位置，影响发生紧急情况时旅客自救和逃生；二是在正常情况下不许使用这些设备，以免造成严重后果。

应急锤

灭火器

❺ 哪些行为可能导致铁路安全事故？发现这些行为时怎么办？

（1）钻过护栏，跨越线路

高速列车速度可高达350公里/小时，高速列车通过时形成的"列车风"，会将线路附近数米内的人员和物体吸入，危及生命安全，甚至造成列车颠覆事故。因此，人员必须与线路保持一定安全距离，不能在线路旁放置、遗弃物品。另外，高速列车行驶速度接近每秒100米，1000米外的高速列车，一般情况下人很难看清，但仅需10秒即可到达。在这么短的时间内，人无法跨越线路并离开一定安全距离。所以无论是否有列车通过，都不要钻过护栏，跨越线路。

严禁钻护栏、跨越线路

（2）向铁路列车抛掷物品

飞鸟撞击会造成飞机坠落。同样，高速列车高速运行时，就算撞击一块很小的物体，都会产生数百公斤的冲击力，造成严重后果。因此，严禁向列车抛掷物品。

严禁向铁路列车抛掷物品

（3）在铁路线路安全保护区内附近挖土、放牧等

铁路线路、路基、护坡、排水沟和防护林木、护坡草坪等都是保证列车安全运行的基础设施，如在这些地方取土会破坏轨道的稳定性，容易造成列车行车事故。放牧会对这些设施造成损害，同时也存在动物受惊侵入线路安全范围的危险。因此，禁止在铁路线路附近挖土、放牧。

严禁在铁路安全保护区内挖土、放牧

（4）在铁路线路附近放风筝、气球或向供电接触网抛掷物品

在高铁线路附近放风筝、气球或向供电接触网抛掷物品，会造成触电、短路等事故，危及生命安全，造成列车事故。

严禁在铁路附近放风筝、气球或向供电接触网抛掷物品

（5）拆、割盗和损毁通信信号设备

铁路线路旁有大量列车运行所必须的通信信号设备，这些设备就像人的眼睛和耳朵，高速运行的列车，没了"眼睛"和"耳朵"，后果难以想象。

严禁拆、割盗和损毁通信信号设备和警示碑

发现以上行为时，任何公民都有义务予以劝阻，必要时应报警处理。

❻ 高速列车上防止火灾的设备有哪些？如何使用？

高速列车内的设施和内部装饰采用了防火设计，全部使用了防火阻燃材料。餐车一律使用电加热设备做饭，采用电茶炉为旅客提供饮用开水。

车厢内安装有烟雾探测器系统、火灾报警装置，全列车禁止明火，禁止吸烟。列车上配备了灭火器。在车厢端墙板内还设有防火隔断门，用于隔离发生火灾的车厢。

如果车内发生火灾，乘务人员会按下车厢内的火灾报警按钮，及时通知司机；司机室和乘务员室的显示屏显示报警信息，且蜂鸣器报警，司机确认险情后实施紧急制动。与此同时，旅客和乘务员使用车内灭火器材进行灭火扑救，或及时组织旅客有序疏散，在着火车厢内的旅客向前后车厢疏散完毕后，及时关闭防火隔断门，以防止火灾蔓延到其他车厢，最大限度地保障旅客的生命财产安全。

车上禁烟标记

火灾报警及紧急制动按钮

防火隔断门

⑦ 高速列车突发紧急情况时如何施救？

在高速列车车厢的四个角和中部设有紧急逃生窗，在紧急逃生窗玻璃的上方标记着一个明显的红色荧光圆点，即使在没有照明的情况下也可以看得十分清楚，这是锤击破窗的位置。当高速动车组发生紧急情况并在紧急制动停车后，车门严重变形不能打开无法出入车厢时，可以使用挂在紧急逃生窗旁边的应急锤对准列车前进方向左侧窗户的红色荧光圆点打碎窗户玻璃，放下应急梯破窗而出，尽快离开危险区。

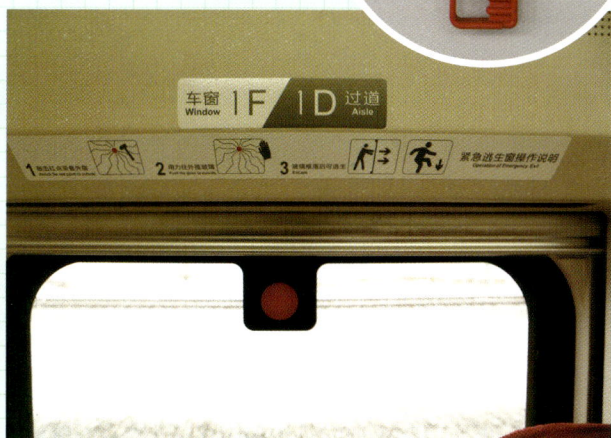

应急锤和紧急逃生窗

紧急制动阀

车厢内还安装有红色的紧急制动按钮和车门紧急开启装置，如遇紧急情况必须立即停车时，乘务员可按下红色的紧急制动按钮，实施紧急制动停车。列车停稳后乘务人员启动车门紧急开启装置，实现手动开门。

在需要旅客下车疏散时，利用放置在车内的应急梯，让旅客安全下到地面。

如果需要将旅客从故障列车转移至相邻线路的列车上时，必须使用列车上存放的安全渡板组织旅客有序转移。

高速列车在桥上发生故障和火灾等事故时，如无法驶离桥梁，则启动桥梁救援应急处置预案，由列车长、乘务员、乘警等人员组织旅客走向桥梁端部或经由救援通道，向桥下疏散。

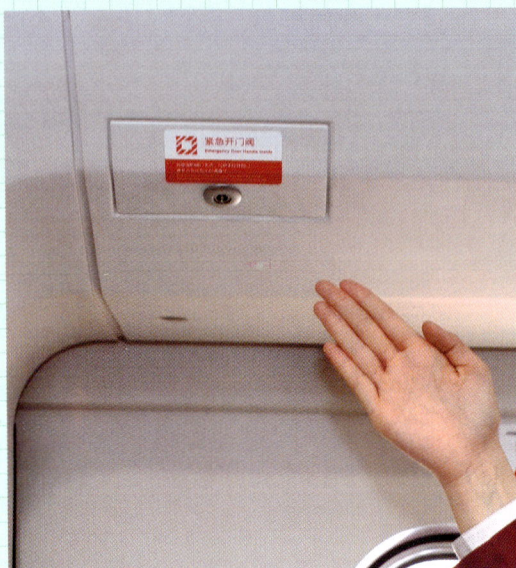

紧急开门阀

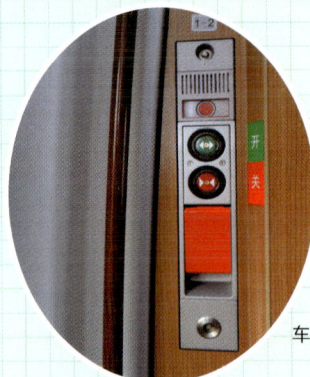

车门紧急开启装置

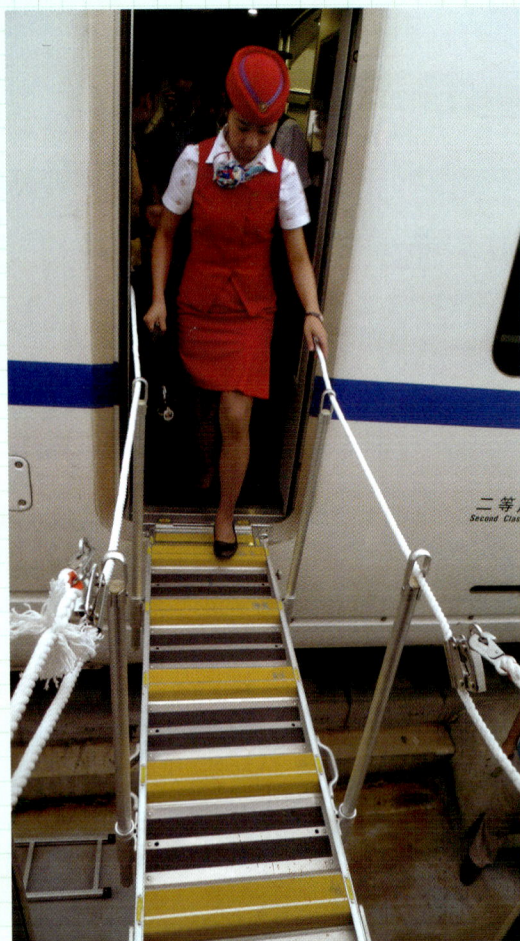

桥上救援疏散通道

安全渡板

桥上救援疏散通道

当高速列车在隧道内发生设备故障或火灾等事故需要疏散旅客时，立即启动应急预案，列车长、乘务员、乘警等人员组织旅客经由疏散通道，向紧急出口或紧急救援站转移，并尽快疏散到安全地带。

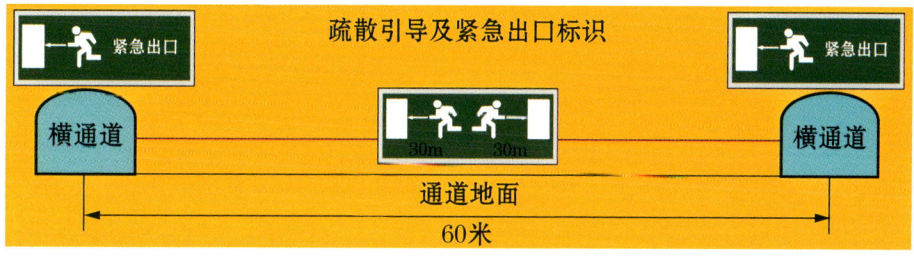

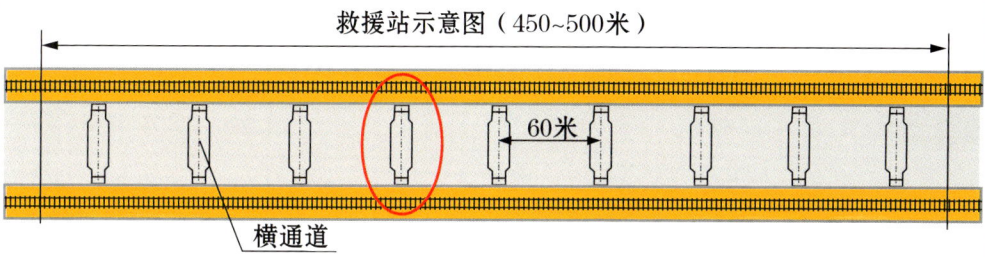

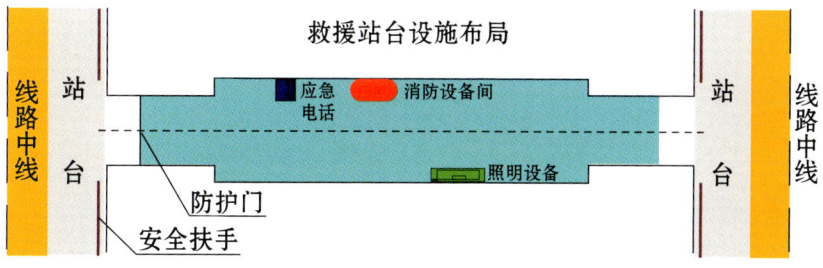

疏散引导及紧急出口标识

紧急出口
紧急出口
横通道
30m 30m
横通道
通道地面
60米

救援站示意图（450~500米）

60米
横通道

救援站台设施布局

线路中线
站台
应急电话
消防设备间
照明设备
站台
线路中线
防护门
安全扶手

救援站台设施布局

后 记

Afterword

　　为了普及高速铁路知识，方便广大读者了解我国高速铁路的发展成就和科学技术，更好地享受中国高速铁路带来的便捷和舒适，几十名铁路工作者辛勤劳作，数易其稿，《中国高速铁路》终于面世了。在编纂过程中，我们谋篇布局，斟字酌句，筛图选片，力求全面、通俗、美观、实用。通过阅读本书，您会真切地感受到高速铁路正在改变着我们的生活。

　　本书是铁路众多单位和个人通力协作的结晶。在编纂过程中还得到了以下同志的大力支持和帮助（以姓氏笔画为序）：王亮、王楠、王静、王长进、王伯福、王国梁、牛泽萍、申全增、史存林、冯龙斌、刘新、刘红娇、刘敬辉、齐亚娜、孙钟一、苏卫青、杜爽、李更生、吴楠、邱传睿、宋冠群、张巍、张少涵、张可新、张珅瑞、张振利、陈朝发、周正、郑子涛、孟庆余、赵建华、宣芃、贺文平、贾光智、徐乐英、翁智财、郭郦、崔丽芳、梁永、管建华等。编纂时还参考了大量资料，选用了一些图片，在此，对作者一并表示衷心的感谢。

　　如果您发现书中有什么不妥之处，敬请批评指正。

编　者

2013 年 5 月